SIN DISTRACCIONES

Encuentra tu propósito
Redescubre tu alegría

BOB GOFF

Publicado por
Unilit
Medley, Fl 33166

Primera edición: 2023

Título del original en inglés:
Undistracted
Publicado por *Nelson Books,* una división de *Thomas Nelson.*
Nelson Books y *Thomas Nelson* son sellos registrados de *HarperCollins Christian Publishing, Inc.*
(Published by arrangement with Thomas Nelson, a division of HarperCollins Christian Publishing, Inc.)

Traducción: *Concepción Ramos*
Edición: *Nancy Pineda*
Cubierta y maquetación: *produccioneditorial.com*

Producto: 495962

ISBN: 0-7899-2621-0 / 978-0-7899-2621-0

Categoría: *Inspiración / Motivación / Autoayuda*
Category: *Inspiration / Motivation / Self-Help*

Impreso en Colombia
Printed in Colombia

Category: *Christian Living / Spiritual Growth / Pray*

Dedico este libro a mi dulce María Goff y a nuestra familia que continúa creciendo.
Gracias Lindsey, Jon, Richard, Ashley, Adam y Kaitlyn, ustedes son mis maestros y yo su mayor fanático.
Casi todo lo que he escrito en un libro lo he aprendido con solo mirarlos vivir sus vidas hermosas.
G. K. Chesterton les dijo una vez a sus amigos: «Perdonen la carta tan larga; no tuve tiempo de escribir una corta». Este libro es la carta larga que ustedes me han ayudado a escribir acerca de la vida sin distracciones que trato de vivir.
El modelo de sus vidas me muestra el camino.

* * *

También dedico estas palabras a mi amigo Bill Lokey, quien me dio un amor extravagante mientras luchaba valientemente contra el cáncer. Gracias por enseñarme a no temer ni a distraerme por lo que pase al final de esta vida... y por la promesa de que llegar al cielo solo será como dar el paso del bote al muelle. Bienvenido a tierra, Bill.

* * *

Y, por último, a todos los que se olvidaron del trabajo tan importante al que le llamaron a hacer, pues lo que parecía más urgente los distrajo, aun sin serlo. Espero que estas páginas les ayuden a encontrar el camino de regreso a esa vida sin distracciones que Jesús les invita a vivir. Sean incansables en su esfuerzo por encontrar ese lugar; hagan lo que sea necesario para llegar. Una vez que lleguen, no dejen que nada que no sea el cielo les haga dejarlo.

CONTENIDO

1

LA DESTRUCCIÓN DE LA DISTRACCIÓN

Vivir a propósito es como un caballo con anteojeras

Hace un par de años viajé a Kurdistán con unos amigos a un lugar cerca de la frontera con Irán. Habíamos fundado una escuela en la región, y estábamos construyendo un hospital y casas para refugiados. Una mañana, me levanté temprano y fui a la cima de la montaña que divide Iraq e Irán. Era un área rocosa y sin rasgos particulares. Recordé el incidente de diez años atrás cuando guardias fronterizos iraníes capturaron a tres estadounidenses por cruzar a Irán mientras hacían senderismo. Comprendí lo fácil que era confundirse y no saber en qué lado de la frontera se está. No siempre un mapa puede traducir las marcas en la tierra.

Mientras caminaba con mis amigos, vimos un cartel que indicaba un campo minado que separaba los dos países. *Esta debe ser la frontera*, pensé. No podía leer el idioma del cartel, pero la calavera, los huesos cruzados y el dibujo de una explosión era una descripción perfecta. Decidí tirar unas piedras hacia el campo de minas a ver si sucedía algo. Ya sé, ya sé, es probable que no fuera la mejor idea, pero fue la mejor mala idea que se me pudo ocurrir en ese momento. Al cabo de diez o quince minutos, volví a mirar el cartel y me di cuenta de que estaba desenterrado. No estábamos en el perímetro tirando piedras *hacia* el campo; lo más probable es que estuviéramos *en* el campo.

Seamos sinceros. De vez en cuando todos nos vemos en lugares peligrosos que pensamos que son seguros. La distracción es lo que nos lleva a este tipo de campo minado. No importa quién seas, de alguna forma o en algún lugar cruzarás y te encontrarás en medio de algo pensando que solo estabas al lado o en el borde.

Tú y yo debemos reconocer las señales de la distracción. Si bien podemos notar que nuestra mente divaga, también debemos observar la naturaleza zigzagueante de nuestras actividades. En lugar de tomar decisiones coherentes con lo que Dios dice que somos, podríamos estar actuando como lo que otra persona quiere que seamos. Quizá la comparación te aleje de ti mismo. Tal vez las presiones financieras, inseguridades arraigadas o fracasos del pasado estén influyendo en tus decisiones más de la cuenta. Necesitamos reconocer estas cosas en nuestra vida antes de comenzar el trabajo valiente de avanzar.

Prueba esto: Toma notas durante el curso de un día para ver qué haces con el tiempo entre los proyectos o compromisos principales en tu vida. No solo escribe: «Trabajé en escribir mi tesis hoy» o «Pasé el día preparándome para mi viaje este fin de semana». Escribe todo lo que te distrajo de escribir o prepararte ese día. De nuevo, sé sincero: «Fui al correo. Eché al perro del vecino de mi patio. Comparé mis fracasos con el éxito de otro. Comí un dulce». Sé realista y admite que has tenido tres. Esas son las distracciones que constituyen el campo minado en el que te encuentras ahora, no en el que piensas que observas desde el perímetro. Miles de distracciones que no notamos se interponen en tu gozo y no te dejan vivir con el propósito enfocado que te dará la vida que anhelas.

No te sientas mal acerca de todo lo que trata de atraer tu atención. En algún momento u otro todos nos distraemos. Es algo que está engranado en nuestro sistema de operaciones. Las circunstancias temporales nos distraen de nuestra meta y de nuestro mayor propósito. Nos distraen unos de otros, y hasta de Dios y de la verdad que creemos. Lo lamentable es que el barco cargado de bondad que podríamos aportar al mundo se está hundiendo por las muchas cosas que nos llevan tan lejos del muelle que ya no podemos dar el salto de regreso a la orilla. Nos estancamos en el pasado, nos preocupamos por el presente y nos distraemos con el futuro. Ya no vemos nuestra vida donde estamos, más bien nos alejamos y nos convertimos en personas que no se parecen en nada a lo que Dios quiere que seamos.

En el sur de California, puse en marcha un centro de retiro llamado *The Oaks* [Los Robles] con algunos amigos y estaba filmando una serie con un grupo de personas divertido y creativo de veras. Me explicaron que tenían en mente una escena final en la que volarían un par de cámaras con un dron y me captarían sosteniendo un montón de globos mientras estaba parado en la parte superior de la torre de agua de veinte metros de altura de la propiedad. Solo tenía que subir hasta la cima. La idea me parecía bastante peligrosa, pero comenzamos los preparativos de inmediato. La torre de agua está en una gran colina cubierta de maleza que dan hasta la cintura, y tomamos un camino angosto hasta la cima con docenas de coloridos globos de helio saliendo por las ventanillas.

Cuando llegué a la base de la torre, miré las docenas de escalones a subir. No iba a ser fácil. El viento soplaba bastante fuerte y, mientras miraba hacia arriba, estaba absorto por completo contando los peldaños, planeando mis movimientos y pensando cómo mis globos y yo llegaríamos hasta arriba en una sola pieza. Si me caía, al menos podía caer sobre los globos, ¿no? Continué de pie en la base de la torre por unos minutos, mirando hacia arriba y tratando de juntar todas las piezas y los detalles que pensé que eran necesarios para el recorrido de mi viaje hacia arriba. Sin razón alguna, dejé de mirar hacia arriba, miré al suelo, y allí vi una serpiente de cascabel enrollada a mis pies. *¡Uy!*

Si me hubiera mordido, ¡esta historia sería mucho mejor! Me pregunté si yo era lo bastante flexible como para levantar el tobillo hasta la cara para chuparme el veneno. No voy a mentir; hubiera sido un movimiento de yoga poderoso. Caminé despacio hacia atrás, agradecido de no tener que torcerme un tendón para salvar mi vida. El episodio me hizo pensar. A veces estamos tan ocupados mirando hacia arriba y hacia adelante que no tratamos de averiguar lo próximo que debemos hacer en la vida; o mirando hacia atrás, a todos los lugares donde hemos estado, que no miramos hacia abajo para ver dónde estamos en realidad.

A todos, de algún modo, nos ha mordido algo tan venenoso como esa serpiente: el enorme número de distracciones a nuestro alrededor. Vivimos esforzándonos por enfocarnos, y no estamos seguros de cómo interactuar con nuestra familia o amistades. Nos inquietamos por nuestra popularidad y nuestra fe. Cuestionamos la carrera que hemos decidido ejercer. A veces, los matrimonios dudan de sus propias decisiones. *¿Escogí la persona adecuada? ¿Soy la persona adecuada? ¿Quién cambió? ¿Yo? ¿Tú? ¿Ambos? Y ahora, ¿qué hacemos?*

Con razón estamos confundidos. Llegamos como bebés, colocados en los brazos de padres que son unos completos aficionados sin un manual de instrucciones y, por lo general, sin idea de cómo criarnos. La mayoría de nosotros empezamos quebrantados o rotos, y algunos nos quedamos así. Algunos llegan a ser ricos y entonces adquieren una percepción distorsionada de su riqueza; y otros nunca encuentran la sanidad que buscan. A esto, le añadimos el hecho de que seguimos a un Dios a quien no podemos ver, durante una vida que no podemos medir, camino a un cielo que no podemos comprender, a causa de una gracia que no ganamos. De nuevo, ¿sería extraño no estar un poco confusos?

En realidad, todos tratamos de construir el avión mientras lo volamos: lo vamos descubriendo sobre la marcha. Esto significa más rampas de salida que de entrada, más posibilidades de confusión que certeza, y más ambigüedad que claridad. En pocas palabras, gran parte de la vida nos puede dejar sintiéndonos *distraídos* de manera completa, inextricable, absoluta y total.

Cuando esto sucede, una de las primeras pérdidas que sufrimos es nuestra alegría.

Toda esta vaguedad también cae en manos de las tinieblas. No soy uno que ande viendo al diablo al doblar de cada esquina, pero sí detecto que tiene un plan macabro. No creo que quiera destruirnos con un asalto obvio y frontal. No, creo que la maldad prefiera distraernos para que no expresemos nuestros dones ni hagamos lo que debemos hacer. Las tinieblas pocas veces se conforman con herirnos con un golpe decisivo cuando nos pueden hacer el mismo daño con miles de cortaditas de papel. A decir verdad, parece que la maldad ha hecho un buen trabajo dejándonos fuera de la batalla, enredados en las sogas de la distracción.

¿Has notado esas hendiduras que ponen a los lados de la carretera, las que hacen *pum, pum, pum, pum, pum* si te desvías del carril? Se llaman «bandas rugosas». Yo quiero que este libro sea como una banda rugosa en tu vida. Escucha: Estás en un camino. Vas a diferentes lugares. No me importa si eres chofer de carreras NASCAR o si estás a la espera de recibir tu licencia de conducir; es común desviarse de vez en cuando. Y no la clase de desvío cómico que ves en las películas o en TikTok, sino del malo que te dejará tirado en la cuneta. Este libro te dará algunas ideas para regresar a tu carril, volverte a enfocar, y aclarar una vez más tu propósito a fin de que vivas una vida con menos distracciones y con más gozo. Nadie pide permiso para andar por la carretera; y tú tampoco necesitas permiso para vivir. Solo toma la decisión ahora mismo de que vas a inclinarte hacia la vida rica, con significado, hermosa, y a veces dolorosa, que Dios te ha dado ya.

Todos conocemos a alguien que no se detiene para pedir direcciones. Yo era uno de esos, y creo que sé por qué. A la mayoría de nosotros no nos gusta que nos digan lo que debemos hacer, aunque sea para ayudarnos. El hecho es que no necesitamos más información; necesitamos más ejemplos. Mantente rodeado de gente que sabe resistir la distracción y dirigen su energía hacia su propósito más duradero, y alguna de esta intencionalidad se te pegará. Imagina lo que podría pasar si centraras tu atención en lo que de veras importa en lugar de hacerlo en todas las cosas que no importan. Qué asombroso ejemplo de amor, propósito y alegría serías para muchos otros. Estas son las cosas de las que están hechas tanto las vidas sencillas como las grandes leyendas.

Seamos sinceros entre nosotros. Hay muchas cosas a nuestra disposición que son secundarias. Si no somos conscientes de las alternativas, no nos daremos cuenta de que nos habremos conformado con menos de lo que tenemos a mano. Este libro no te dirá qué pensar ni qué hacer, pero espero que te recuerde quién eres ya. Eres alguien que tiene permiso para vivir con una irrazonable, impensable y absurda por completo cantidad de enfoque, propósito, gozo y satisfacción.

Aquí tienes algunas preguntas para comenzar la jornada. ¿Estás dispuesto a hacer lo que sea necesario para descubrir la maravilla que ya hay a tu alrededor? ¿Tendrás la valentía de identificar lo que te distrae de las cosas mejores? Y, por último, ¿estás dispuesto a esforzarte en el trabajo difícil y desinteresado de desatar la belleza que descubras hacia las vidas de otros y no quedarte con ella?

Para lograr esto necesitarás ponerte unas anteojeras. Al igual que un caballo de carreras en el Kentucky Derby, o un perro con un cono alrededor del cuello después de ir al veterinario. Necesitamos bloquear la vista de las cosas que no importan, dejar de volver a los patrones que no aportan a nuestro mayor objetivo, comenzar a reconocer lo temporal y transitorio, y enfocarnos con intensidad en las cosas que durarán para siempre: nuestra fe, nuestra familia y nuestro propósito. Cuando le prestes atención a estas cosas, encontrarás la alegría.

* * *

Si has leído ya algunos de mis otros libros, sabes que me he enfocado en la dulce María desde que la vi por primera vez. Ella me ha cautivado por décadas, y todavía lo hace. Es difícil no distraerme cuando está cerca. De mis innumerables manías, una cosa que hago es cantarle a la dulce María todas las mañanas. No te diré cuál es mi repertorio, pero diré que soy *horrible* cantando. Solo horrible. Piensa en las uñas raspando una pizarra, pero peor, con más movimientos de brazos y en un tono de barítono más profundo. Es como una mala melodía de Disney cantada en la clave de un perro que le aúlla a la luna.

Cuando le canto a la dulce María cada mañana, casi siempre gruñe y se cubre la cabeza con una almohada. Le he dicho que es parte del paquete de platino que recibió cuando me dijo que sí. Varias veces me ha pedido que reduzca la calidad al de aluminio o cartulina. Uno que no incluya una serenata previa al amanecer. Le he dicho que ya todos se vendieron. Sin embargo, sé que en el fondo le encanta. Y continúo cantando mis horribles canciones, pues me recuerdan quién soy y a quién amo. Las canciones me recuerdan al principio del día cuál es el centro de mi vida (nuestra familia) y esto es más importante para mí que cualquier otra cosa, excepto mi fe. Lo que es más importante aún, estas canciones son declaraciones de lo que voy a hacer con mis prioridades. Con los aullidos de los nuevos estribillos que invento cada mañana, le digo a la dulce María, a mí mismo y al mundo cuál es mi plan para el día, y entonces trato de vivirlo lo mejor posible.

Espero que este libro te ayude a encontrar tu canción, o si ya la conoces, te ayude a cantar un poco más alto. Quiero que mis palabras en estas páginas desaten unos cuantos estribillos llenos de amor, intención, esperanza y propósito en Jesús. Quizá sea hora de que tararees algunas notas cada mañana acerca de la hermosa vida que has recibido, el tiempo limitado que tienes para vivirla, y la gente a quienes puedes impactar si desatas tu amor y creatividad en vez de dejarlos atados al pasado.

Este libro no está lleno de fábulas. Está lleno de historias, de principios a fin. ¿Por qué? Es simple. Porque Jesús contó historias. Es más, la Escritura dice que Él nunca habló sin contar algunas buenas historias para ilustrar la verdad que quería transmitir. Las historias no solo nos dicen la verdad, sino que pueden ayudarnos a vivir vidas más genuinas. Las falsedades se han diseñado para distraernos con mentiras; la verdad, por otra parte, nos guía por un camino más valiente y duradero.

Este libro tampoco está lleno de hechos misceláneos. Nunca he tenido un montón de hechos aleatorios e inconexos combinados en algo que cambió mi vida. En estos días, sin embargo, parece que el mundo está repleto de información. Nos estamos ahogando en las cosas. Como promedio, el conocimiento humano se dobla cada trece meses, pero ese diluvio de información no nos da mucha claridad para nuestra vida. Al contrario, a veces parece que toda esa información crea una pared de humo entre nosotros y la claridad que necesitamos de veras. ¿Te has dado cuenta de que aun cuando los hechos sean irrefutables, la gente encuentra la manera de gastar tiempo discutiéndolos? En lo cultural, creo que todos sentimos que estamos un poco tensos y peleones en este momento.

¿Estás dispuesto a aceptar por un instante que todo ese ruido no es más que una distracción? No estoy sugiriendo que optemos por una vida de ignorancia. Lejos de ahí. Los hechos pueden ser útiles, pero rara vez son *conmovedores*. No necesitamos más hechos para encontrar el propósito, la bondad y el altruismo que anhelamos; necesitamos una fe asentada con firmeza, algunos buenos amigos y un par de recordatorios confiables. Espero que estas historias te ayuden a resolver lo que crees y por qué lo crees. Quiero que este libro te mueva hacia la dirección de la persona en que te estás convirtiendo, en vez de dejarte envuelto alrededor del eje de quien fuiste. Porque cuando nos enfoquemos como un rayo láser y tengamos la mente clara, te prometo que siempre encontraremos nuestro propósito. Encuentra tu propósito, y experimentarás más alegría. La matemática es simple.

Recuerda, el deleite de las tinieblas es amplificar la distracción. Quizá te esté sucediendo en este mismo momento y ni siquiera te hayas dado cuenta. Así es de astuta la distracción. La cura es tan simple como dificultosa. La manera de vencer la distracción es vernos cautivados por algo mucho mayor y mucho mejor, como el propósito y el gozo.

Ahí es a donde vamos en las páginas de este libro, y quiero que continuemos en ese camino por el resto de nuestra vida. Si estás dispuesto a hacer el trabajo pesado requerido, te prometo que cambiarás por algo mucho mejor de lo que te has conformado hasta ahora. Cambiarás la distracción que te roba la alegría por el propósito que nadie te puede quitar.

Mira hacia adelante. Amárrate el cinturón. Ahí vamos.

2 EL OJO DE LA CERRADURA DE LA ETERNIDAD

Cuida tu corazón y cultiva tu mente, y tendrás una vida repleta de legado

Estaba sentado en la camilla del médico... otra vez. Toda mi vida fui bastante saludable. Rick vendría pronto para ver qué pasaba con mi ritmo cardíaco. Ha sido nuestro médico de cabecera durante décadas, y le he confiado literalmente mi vida más de una vez. Ha cosido heridas profundas y reparado un dedo casi cercenado de uno de mis hijos. Estuvo a mi lado hace unos años cuando descubrimos que había contraído una forma agresiva de malaria mientras viajaba por África. En esa ocasión, incluso se apostó por que estuviera mirando hacia abajo desde el cielo al final de la semana, pero Rick me ayudó a través de esa también.

Entró y nos saludamos como de costumbre entre un paciente y un médico de atención primaria, intercambiando historias como hacen los amigos. Entonces, Rick me puso el estetoscopio en el pecho. Debió haberlo sacado del congelador o algo así. Yo respiré sobresaltado mientras él se inclinó para escuchar el latido del corazón. Me preguntó acerca de los síntomas que tenía, como mareos al levantarme y falta de respiración al subir las escaleras. Estoy dispuesto a confesar que no soy un modelo de salud, pero no pensé que esos síntomas fueran normales para mi condición física.

Por lo general, Rick tiene cara inexpresiva, pero esta vez no. Observé cómo fruncía el ceño y centraba su atención aún más en los latidos de mi corazón. La preocupación era inconfundible. De inmediato trajo un montón de equipos a la habitación, me puso parches y cables en el pecho, y comenzó a grabar. La cinta que salía de la máquina estaba llena de garabatos como un sismógrafo. Si hubiera sido un detector de mentiras disfrazado, hubiera tenido suficientes cables como para sacar toda la información que había dentro de mí.

Al terminar con todas las pruebas, me miró directo a la cara y me dijo que el corazón no latía como era debido. Habló de las diferentes causas posibles, y que la lista la encabezaba un caso serio de malaria. No entraré en detalles, pues no pude comprender por completo todo lo que dijo, pero supe que no eran buenas noticias. En resumen, mi corazón latía con más intensidad mientras estaba sentado que el de alguna gente cuando corrían un maratón. Tampoco latía de manera coherente. Míralo de esta manera: Es probable que tu corazón, en estado de reposo, emita entre sesenta y cien latidos por minuto, si tu condición física es normal. Quizá con más lentitud si eres más maduro, y con más rapidez si eres más joven. En vez del previsible *pum, pum, pum*, Rick grabó un ritmo rápido y esporádico. Hasta unos doscientos veinte latidos por minuto. No hizo falta un diploma en medicina para comprender lo que podría suceder. Hay un nombre grande y largo para esta condición, pero la conclusión era que no parecía que fuera a batir ningún récord para la «Persona viva más anciana del mundo».

Sin embargo, voy a intentarlo de todos modos. La verdad sea dicha, me gusta el sonido de ciento cincuenta años, que es la edad actual a la que apunto. Si me quedo un poco corto, busca la forma de enterrarme en la isla de Tom Sawyer de Disneylandia, ¿de acuerdo? Incluso si necesitas colarme a través de la puerta en un frasco. Tengo un pase de temporada, así que no les importará.

Durante los siguientes días, Rick me consiguió citas con algunos especialistas en cardiología muy inteligentes para confirmar sus hallazgos y profundizar en los problemas principales. Después de más estetoscopios congelados, cables, pitidos y ceños fruncidos, estos expertos dijeron que la única manera de hacer que mi corazón volviera a latir bien era detenerlo momentáneamente y reiniciarlo con una gran sacudida eléctrica. Sí, leíste bien. Tenían que *detener mi enloquecido corazón* para ayudarlo a encontrar un nuevo latido.

Esta es mi pregunta para ti: ¿Lo harías? ¿Estarías dispuesto a arriesgarte a la muerte para vivir más? ¿Lo arriesgarías todo para tener la oportunidad de una vida más plena? Ese es el tipo de reajuste que Jesús dijo que implica seguirle. Él les dijo a sus amigos que sería como morir y volver a vivir. Dijo que se necesitaría algo tan drástico, invasivo y total como un nuevo comienzo para ser suyo por completo, sin distracciones por todo lo demás.

Si queremos, todos podemos ser una nueva criatura. La verdad fría y difícil es que la mayoría de la gente no lo quiere. Nos conformamos con la vida segura y distraída que conocemos en vez de la que nos promete Dios. Claro, podemos estar de acuerdo en que Jesús quiere que seamos nuevas criaturas, pero si seguimos haciendo lo que siempre hemos hecho, debemos reconocer que no hay nada nuevo en eso. Un reajuste total no es fácil e involucra riesgo. Quizá una enorme tragedia o pérdida cause ese reajuste. O quizá sea el resultado de tomar tiempo para aclarar la mente en la mañana. Encuentra un nuevo ritmo para tu corazón. Aquí tienes algunas sugerencias: Decide por adelantado que harás lo que sea necesario para que tu corazón esté bien, y luego hazlo, incluso si eso mata a todas tus versiones anteriores.

Necesitas preguntarte qué hace que tu corazón lata de manera que te haga más fuerte, más valiente, más bondadoso y más amoroso. Trata de saber qué hace que tu corazón salte de alegría, y qué hace que salte a causa de la disfunción y la distracción. Debes estar dispuesto a cambiarlo todo si es necesario. Todos nuestros corazones laten de manera diferente, y yo me alegro por eso. Algunos laten con rapidez y otros de manera más lenta. Las cosas que hacen que el cabello vuele hacia atrás pueden ser un bostezo para otro. Lo que te aburre por completo puede iluminar a otro por completo. Lo que te hace llorar puede que otro no lo note. Algo que no significa nada para ti puede estremecer a otro. Cuando suceda esto, sé paciente. Todos tenemos una condición cardíaca; solo que se manifiesta de diferentes maneras. Alguien que no me conoce podría hacer suposiciones sobre mi corazón sin saber lo que hace en realidad. Al final, todos miramos hacia la eternidad por el ojo de una cerradura mientras tratamos de descifrar nuestra vida. Que no te distraiga lo diferente que eres de otros. Nuestros corazones se crearon para latir *juntos,* pero no *igual.*

Si quieres deslumbrar al cielo, deja de distraerte tratando de ser otra persona. Ve y sé tú mismo. Haz algo menos, y el regalo único que Dios envolvió en ti nunca se abrirá del todo. Jesús dijo que una relación rica con el Padre solo es posible teniendo una relación adecuada entre nosotros. En otras palabras, si decimos que amamos a Dios, pero no amamos a las personas que Él creó, aun las raras, inseguras y falibles como tú y yo, tenemos una condición cardíaca que debemos atender. No sigas ignorándola, medicándola ni siendo indiferente. Si quieres encontrar una fe más rica que la que tienes ahora, la cura no está en más conocimiento, discusiones o distracciones. Ve y sé «uno» con los que están a tu alrededor. No necesitas enfrentárteles para estar en sus vidas. Y no solo busques a la gente fácil. Si quieres moverte al nivel de graduado en esto, busca la gente difícil a tu alrededor y sé «uno» con ella también. Si esta nueva forma de hacer las cosas te asusta, estoy contigo, pero lo que yo quiero es un nuevo latir del corazón, no solo más del que tengo que está fallando. Llegar a un mejor lugar precisa un nuevo comienzo.

Los amigos de Jesús estaban distraídos discutiendo acerca de quién se sentaría en las sillas grandes junto a Él en el cielo. Jesús interrumpió su discusión tonta dándoles un poco de claridad eterna. Les dijo que a menos que cambiaran y se hicieran como niños, nunca entrarían en el reino de Dios. Yo crecí pensando que uno solo hacía una oración y de alguna manera la combinación apropiada de palabras abriría las puertas del cielo, pero es evidente que es más que esto. Es una fe como de niños, no infantil, lo que Jesús dijo que daría resultado.

* * *

Llegué al hospital para echar a andar mi corazón de nuevo. Me dieron la odiada bata de hospital y me llevaron a una habitación a fin de prepararme para el procedimiento. (Por cierto, ¿alguien puede explicarme por qué es necesario dejar al descubierto toda la parte de atrás del cuerpo cuando todo lo que pasa es en el frente?). Había un poco de viento, y yo trataba de buscar la manera de evitar mostrarles mi trasero a todos los que pasaban. Entonces, un hombre con una chaqueta blanca vino y me dijo que él sería quien detendría y echaría a andar mi corazón. Esa fue toda la información que recibí. Piensa por un momento. Este hombre podía ser un pintor de Sherwin-Williams que encontró un estetoscopio en el piso y se lo tiró alrededor del cuello. Sin embargo, yo confié que él podía detener mi corazón y hacerlo echar a andar de nuevo. Esto hace que nos preguntemos: ¿Cuánta información necesitas antes de confiar en Dios para que te arregle el corazón?

El médico y su equipo me hicieron subirme a la camilla y acostarme de espaldas. Me conectaron a todo tipo de monitor es para asegurarse que no me matarían mucho, solo un poco, cuando pararan y luego volvieran a echar a andar el corazón. Cuando el Dr. Sherwin-Williams (sé su nombre y es un tipo increíble) empezó a comprobar las paletas desfibriladoras, tengo que decir que sentí una mezcla de absoluto terror y vertiginoso entusiasmo. Primero, nunca había hecho algo similar, y yo soy adicto a las experiencias nuevas. Segundo, se convertiría en una historia bastante genial si sobrevivía para contarla. Tercero, si esto funcionaba de verdad, sería como recibir un corazón nuevo sin toda la sangre, el bisturí ni la cirugía de un trasplante. Claro, como todo en la vida, había riesgos, pero los beneficios de un nuevo comienzo me parecían muchos.

El asistente del médico me puso a dormir con una medicina intravenosa, caí en un estado borroso y, luego, a la nada. Antes de quedar inconsciente, me imaginé cómo el hombre con la chaqueta blanca juntaba las paletas y encendía el desfibrilador con una expresión de locura como la de Doc Brown en *Regreso al futuro* mientras la máquina emitía un zumbido constante y agudo. Por cierto, si alguna vez tienes que hacer esto, aquí tienes unos datos curiosos: Antes del choque, te hacen quitarte todos los anillos o joyería de metal, pues el voltaje es tan alto que puede quemarte la piel debajo. Otro detalle: Una porción extraña del pelo de mi pecho se quemó. Es como una depilación muy violenta en este sentido.

Entonces, ¡me desperté! Me sentí como Scrooge la mañana de Navidad: un hombre con una nueva oportunidad en la vida. Había esperado ver a los Muppets cantando villancicos al abrir los ojos, pero en su lugar, el equipo médico estaba sobre mí, revisando los monitores, asegurándose de que todo se encontraba estable. Cuando fue evidente que todo estaba bien, el médico me miró y dijo sonriente: «No, no estás en el más allá; todo funcionó». Me alegré de oírlo, pues me hubiera desilusionado si el cielo hubiera lucido como una habitación de hospital con cuentas por pagar. También había contado con que mis ropas celestiales me cubrieran la espalda. De pronto, tenía el latir del corazón de un adolescente de trece años. Y todavía lo tengo.

Como promedio, a lo largo de la vida nuestro corazón late unas dos mil quinientas millones de veces. Se necesita un músculo fuerte para latir tantas veces y enviar sangre y oxígeno de los dedos de los pies hasta las orejas. Si alguna vez has apretado una pelota de tenis, esa es la cantidad de esfuerzo que esa bomba necesita para darnos vida. Lo que digo es: No es fácil ser el corazón, así que cuídalo, por favor. Haz lo mismo con tu fe y con tus relaciones. Cuídalas. Controla el estrés a que te sometes y cuida de ese cuerpo maravilloso e irremplazable que tienes. Queremos que estés con nosotros un poco más de tiempo.

Ahora mi corazón lleva un ritmo nuevo. Late de manera lenta y fuerte. ¿Y el tuyo? ¿Corre mientras luchas por alcanzar cosas que no son duraderas? ¿Te distraen a cada momento las cosas sin importancia? ¿Vives con miedo? Después del procedimiento, el médico me dijo que lo mejor que podía hacer por mi corazón era no estresarlo. Quizá este sea un buen consejo para ti también. Nuestros corazones son todos diferentes, pero pueden latir juntos aun si laten de manera distinta. Haz lo que sea necesario para llegar allí, incluso si es un poco impactante.

* * *

Por varios años me he dicho que quiero estar disponible. Por eso escribo mi número de teléfono celular al final de más de un millón de mis libros. Desde fuera, es probable que eso parezca una medida que arruinaría cualquier tipo de productividad en mi vida. Eso es cierto, supongo, si solo intentas llevar una vida eficiente y productiva. Para mí no, y he aquí por qué. Seremos conocidos por nuestras opiniones pero recordados por el amor que le dimos a todos los que nos rodean. Si no levanto la cabeza de un proyecto y no puedo molestarme en cambiar el enfoque, perderé una buena oportunidad de mostrar amor y gracia a la persona que está a mi lado, y esa no es la vida que quiero vivir. La cantidad absurda de llamadas telefónicas que recibo a diario es un excelente recordatorio de la persona que quiero ser. No me parecen interrupciones; son recordatorios. ¿Qué estás haciendo para recordar quién quieres ser?

Estar disponible ha hecho unos virajes curiosos en estos últimos años. Comencé a asesorar a algunas personas maravillosas para ayudarlas a transitar por algunas cosas grandes que querían lograr para ellos, su familia, su carrera y su fe. Tengo conversaciones telefónicas la semana entera con estos nuevos amigos. Sí, afecta mi agenda en gran manera tener estas reuniones en el calendario, pero también me ayuda a lograr mi sueño de estar disponible. Es mi música; es mi único éxito en solitario; es el grabado en mi vida y tal vez esté también en mi lápida. «Aquí yace Bob Goff; siempre estuvo disponible (pero ahora no)». ¿Qué quieres que aparezca en la tuya? ¿«Aquí yace [inserta tu nombre] que vivió una vida distraída»? Si esto tiene algo de verdad para ti, la buena noticia es que tienes el poder de cambiarlo.

Una de las cosas más importantes que hago durante estas llamadas es tomar notas de la conversación. Al final, me paso unos buenos cinco minutos reflexionando sobre lo que dijimos y llenando los espacios en blanco que no escribí. ¿Por qué? Porque si no, cualquier distracción puede con seguridad borrar cualquier ganancia adquirida. Nuestra manera de procesar las conversaciones pueden ser ventanas hacia nuestros propósitos más importantes. Tomar notas es una gran manera de evitar distracciones, no solo porque nos ayudan a recordar cosas que han resonado dentro de nosotros, sino porque nos ayudan a curar nuestro punto de vista.

Toma notas mientras lees este o cualquier otro libro. Escribe cómo vas a aplicar las partes que tienen sentido para ti. Si no atrapas esas mariposas de inmediato, te prometo que volarán. Hazlo. Luego, estudia y refina esas notas, y encontrarás la conexión entre las ideas que escribiste en medio de la conversación y las que tuviste en otras conversaciones. Captarás ideas significativas, aplicables y desarrolladas en parte, que puedes incorporar a tu vida. Al usar lo que escribiste, crearás un circuito de retroalimentación que se convertirá en ideas más completas. Si no dedicas el tiempo para captar y procesar tu mundo interior, te perderás la oportunidad de descubrir algo mayor y más hermoso en tu corazón.

Mucha de la gente que le ha traído al mundo gran entendimiento y belleza, han vivido tomando notas. Marco Aurelio, Beethoven, Lewis y Clark, Mark Twain... Nombra una persona que se haya destacado en la historia, el arte, la literatura o la cultura, y te apuesto que es alguien que acostumbraba a tomar notas. Benjamín Franklin no era un tipo virtuoso en particular, pero llevaba un seguimiento de una lista de trece virtudes, incluidas notas sobre cómo las vivía todos los días. Es posible que no quieras llevar la cuenta de tu carácter, pero estoy seguro de que te beneficiarás si lo haces.

George Lucas, el famoso cineasta, escribió los libretos de *La guerra de las galaxias* y de *American Graffiti.* En esa época de la industria, se localizaba una escena haciendo referencia al rollo de película donde estaba y el número del diálogo dentro del rollo. Alguien le preguntó a Lucas acerca de una escena de *American Graffiti* que estaba en el rollo dos, diálogo dos. Lucas escribió en sus notas «R2D2». No te miento. Estaba buscando la pieza del rompecabezas en su mente de un robot adorable, tomó lo que de otra manera era una nota sin relación alguna y... el resto es historia. Su sistema de notas se convirtió en una forma de organizar y coleccionar su creatividad. Y puede hacer lo mismo para ti.

Pablo les escribió una carta a sus amigos en un lugar llamado Corinto. Les dijo que sus vidas eran como cartas de Dios al mundo. Que no eran simples palabras esculpidas en piedra, sino en el corazón[1]. Si haces el trabajo, y tomas nota de ideas, verdades y pensamientos importantes para ti, te pondrás en un lugar donde podrás causar un impacto en la gente de manera profunda e inexplicable como jamás imaginaste. Si consideras tu vida un libro en proceso de escribirse, comienza tomando mejores notas. Se convertirá en una obra de arte, oración tras oración.

Sócrates dijo que una vida sin examen no vale la pena vivirla. No estoy de acuerdo en que no valga la pena vivirla, pero sí en que somos propensos a olvidarnos de la autorreflexión. Si tienes niños o un empleo de mucho estrés, sabes precisamente lo difícil que puede ser la vida. A veces caes exhausto en la cama, solo para levantarte y hacerlo de nuevo... y de nuevo... y de nuevo. Junta suficientes días así, y un día mirarás atrás y te preguntarás a dónde se fueron los años. No permitas que caigas en esa trampa. Escribe las lecciones que aprendes cada día. Una vida sin reflexión es como un vapor.

Santiago, el hermano de Jesús, dijo en una de sus cartas que nadie sabe lo que sucederá mañana. Declaró que nuestras vidas son como la niebla que aparece por un momento y luego se desvanece[2]. Yo lo he visto, y tú también. Mi hora favorita para escribir y reflexionar es temprano en la mañana. El rocío está sobre la hierba, y a menudo en el aire hay un poco de neblina acumulada de la noche. Luego, cuando levanta el sol, el rocío se esfuma, la neblina se dispersa y comienza el día. Tomar buenas notas es una costumbre que no permitirá que tus experiencias y posibles revelaciones se evaporen ante tus ojos. El truco es escribir lo que aprendes durante la aventura para no perdértelo después.

En la tierra hay dos mil quinientas criaturas que se conocen como «insectos de un día». En contraste, uno de los animales de más larga vida es un tipo de esponja marítima que puede vivir más de once mil años. Si nosotros viviéramos tanto, tendríamos el aspecto de un montón de esponjas. La mayoría de la gente vive como insectos de un día, pero tenemos que ser un poco más esponjosos y hacer cosas que duren. Sin embargo, te advierto, no deseches los insectos de un día tampoco. Sería bueno aprender algo de su punto de vista, pues como dijo Santiago, no sabemos lo que traerá el día de mañana.

Incluso hay una especie de medusa que técnicamente no muere. Mira esto: Tan pronto como esta medusa envejece, se convierte en una medusa joven y comienza a crecer de nuevo. Yo quiero ser así, pero aferrándome a la sabiduría acumulada a la vez que vuelvo a mi fe de niño. Como Benjamín Franklin, excepto que no quiero comenzar viejo y ponerme joven; quiero comenzar joven y crecer en sabiduría. Quiero combinar la sabiduría que recopilo con el tiempo con una mayor acumulación de fe como la de un niño. ¿Y tú? Si estás de acuerdo con enfrentar la vida de esta forma, ¿qué puedes hacer para encontrar tu camino de regreso a una versión más inocente, comprometida y con menos distracciones?

Aquí hay una verdad que puedes llevar al banco sin importar cuánto tiempo vivas: La claridad de propósito, la energía sin distracciones, el amor desinteresado y las actividades altruistas que aportes al mundo serán tu legado. Todo lo demás parecerá una distracción en comparación.

3

LIBÉRATE AL VOLVER A CASA

La cura para la inseguridad es estar presente por completo en la expresión de tu propósito

He tratado de ir a la cárcel más a menudo, no como preso, sino como amigo. No fue idea mía; fue algo que Jesús dijo que debemos hacer. Desde afuera, ninguna cárcel nos invita a entrar. Cada vez que le paso por delante a una, me asustan las cercas de alambres de púas y los edificios sin ventanas. Algunas prisiones tienen incluso torres de vigilancia y hombres con potentes armas de fuego que vigilan el perímetro. Ir a lugares diseñados para mantener a la gente encerrada no se siente natural, pero es justo por eso que me vi obligado a comenzar a ir. Creo que Dios nos pide que les demos nuestra presencia, gracia y compasión a los presos, pues quiere que recordemos con exactitud cómo Él nos veía desde fuera sin la libertad que prometió Jesús.

La cárcel que visito más a menudo es una llamada San Quintín. En realidad, es un lugar infame, aunque no sé por qué un lugar de castigo deba ser famoso. La abrieron hace más de ciento sesenta años, y ha sido el hogar de muchos presos notorios, incluso Charles Manson. Los presos la han llamado «La Arena» por más de cien años. Allí están todos los condenados a muerte de California, y en 1938 se le instaló una cámara de gas que se usó hasta 1996. No hay lugar a dudas: El lugar es duro, pero también he desarrollado amistades con los presos y el valiente personal que me ha enseñado mucho, y me ha hecho una mejor persona.

Por algún tiempo he enseñado una clase allí a unos ciento cincuenta hombres. Vienen de todo trasfondo. Algunos eran brillantes empresarios que cometieron serios errores. Otros asesinaron a alguien, y unos pocos no pagaron sus impuestos. Todos tienen una cosa en común. Están detrás de una pared grande y bien vigilada, y allí estarán por largo tiempo. Un día recibí una llamada de uno de los hombres de mi clase llamado Kevin.

—Bob, estoy del otro lado del muro —me dijo.

Hombre, dime que no hay un montón de sábanas amarradas colgando de una ventana, fue lo que pensé.

—Estoy fuera. ¡Me han dejado libre! —me dijo emocionado por un teléfono prestado.

Pensando que sería uno de esos momentos de Leonardo DiCaprio, y anticipando una respuesta que cambiaría mi vida, le pregunté:

—¿Qué fue lo primero que pensaste cuando saliste?

Kevin se detuvo por un momento.

—Me di cuenta de que... ¡tengo bolsillos! —me respondió.

Espera, ¿qué? No era la cosa grande, profunda y teológica que esperaba que dijera. Sin embargo, cuanto más lo pensaba, más me daba cuenta de que lo que dijo era grande, profundo y teológico.

—Ten mucho cuidado con lo que pones en ellos, Kevin —le dije en un momento de claridad.

Todos tenemos bolsillos. Lo que ponemos en ellos, o lo que tenemos en ellos, es lo que nos puede distraer. Remordimientos, resentimientos, heridas y malentendidos; todo puede convertirse en grandes distracciones.

* * *

Una vez caminaba por el patio de la cárcel con algunos hombres de la clase. Los hombres levantaban pesas del tamaño de un automóvil con el esfuerzo que me cuesta mover una grapadora. Bromeé con el que estaba a mi lado diciéndole que si yo tuviera una de esas barras con pesas, bien me podía imaginar que la barra sola me cayera en el pecho hasta que otros dos me la levantaran.

Luego, en la clase, estábamos sentados en un círculo. Les conté mi conversación en el patio y les pregunté si había algo que necesitaban quitarse de encima. Fuimos uno por uno, y el de mi izquierda habló de sus dificultades con su compañero de celda, lo cual no es sorprendente, ya que las celdas tienen poco más de metro y medio de ancho por tres de largo, y ahí viven dos hombres que pesan unos ciento trece kilos o más cada uno. El que estaba a su lado dijo que se sentía abandonado por la familia de la que llevaba separado más de una década. Estaba muy triste, pues su esposa estaba lista para rehacer su vida. Solo podía imaginar lo difícil y desesperante que sería para ambos.

Continuamos alrededor del círculo hasta que, al final, le tocó al que estaba a mi derecha. Por largo rato miró al piso, y entonces levantó la cabeza y miró a cada uno de los hombres a los ojos. «Llevo aquí dieciocho años, diciéndoles a todos que no lo hice». Se detuvo por un momento, respiró hondo, y continuó: «Sí lo hice». No vio juicio alrededor del círculo; solo aceptación. En ese momento, fue el hombre más libre que haya conocido jamás. Esto es lo que la sinceridad y la vulnerabilidad harán cada día si se lo permitimos.

La vergüenza nos mantiene atrapados detrás de los muros que hemos construido para dejar fuera al resto del mundo. También la envidia, la amargura y la gente moralista. La mayoría de los prisioneros del orgullo se creen que son los guardias. Lo que necesitamos es el tipo de fuga que puede ofrecer una comunidad de aceptación. Encuentra una y experimenta el tipo de libertad y enfoque que no creías posible para ti.

* * *

Ya más cerca de casa en San Diego, visité a un joven de poco más de veinte años en la cárcel local. Había cometido una serie de errores estúpidos que le costaron la libertad. Tenía miedo, estaba solo y necesitaba compañía. Yo era amigo de su familia y pensé que él disfrutaría pasar juntos un tiempo. He hecho visitas así antes y sabía que nos pondrían en una habitación parecida a una celda, diseñada para que los abogados y sus clientes se reúnan a fin de discutir su caso. Para mí, era solo un lugar para reunirme con un chico acobardado. La habitación estaba rodeada de una capa de concreto más gruesa de lo normal, cristales a prueba de bala, una pesada puerta y varios candados electrónicos.

Los guardas nos encerraron allí. Es irónico que los que visitan a los presos se conviertan en presos también. Siempre hay una sensación de pesadez y depresión en estas habitaciones, como si estuvieran diseñadas para eliminar cualquier intención de amabilidad, esperanza o humanidad. Todo el espacio grita: «¡Ni se te ocurra!».

Escoltaron a mi joven amigo a la habitación. Le quitaron las esposas e intercambiamos unas palabras mientras nos sentábamos. Traté lo mejor que pude de dar señales de gracia, empatía y tolerancia mientras me contaba su historia. Entonces sucedió algo, como el momento en una película donde todo sale terriblemente mal. La cárcel completa perdió la electricidad. Todas las luces del techo se apagaron, y se encendieron las luces de emergencia. La pérdida de electricidad hizo que la habitación quedara clausurada por completo, y ni los guardias podían entrar. Si las paredes no hubieran sido tan gruesas, es probable que hubiera escuchado encenderse el generador para que el complejo no se convirtiera en un caos total. ¿Y si había hombres en el patio buscando la oportunidad de escaparse? ¿Y si un grupo estuviera en el comedor y se produjera una gran pelea? ¿Mencioné que esta era una cárcel que albergaba muchos reclusos? Cuando sucede algo como esto, las cosas pueden torcerse con rapidez.

Estuve atrapado por varias horas en esa habitación con este joven. Traté de hacer una llamada, pero no había señal. Tampoco podía recibir llamadas. Quería salir, ¡claro que sí! Yo quería salir. Si hubiera tenido una piqueta, habría cavado un hoyo y me habría arrastrado por una tubería de alcantarillado para salir.

No pasó mucho a pesar del montaje de Hollywood. Mi nuevo amigo seguía igual de asustado y necesitaba un amigo después de cuatro horas. Yo necesitaba un nuevo par de ropa interior, pero finalmente superé la experiencia. Se me ocurrió que un lugar diseñado para la máxima seguridad se había convertido en un lugar de total inseguridad. Y me hizo pensar en el papel que la inseguridad había jugado en mi vida y en la de mis amigos. Gastamos mucha energía tratando de sentirnos seguros y esconder cualquier sensación de miedo. Construimos muros y colocamos nuestros cristales a prueba de balas para que nada nos haga daño. Lo lamentable es que podemos pasarnos toda la vida construyendo una fachada de seguridad y protección, cuando por dentro solo somos personas asustadas que necesitan un amigo.

¿Necesitas el valor de reconocer, incluso ahora, que has estado fingiendo ser algo que no eres? ¿Eres un prisionero que necesita espacio para ser genuino? ¿Te has distraído por tu necesidad de nunca parecer débil, temeroso o vulnerable? ¿Pasas cantidades extrañas de tiempo tratando de controlar a las personas que te rodean porque tu vida interna está fuera de control? ¿Cuánta energía te está quitando eso, energía que podrías verter en algo más grande y hermoso que tus inseguridades?

Hasta cierto punto, todos tenemos alguna inseguridad interna. Lo que lo esconde de la vista es que cada uno de nosotros lidia con nuestra inseguridad de manera diferente y, como resultado, solo algunos nos vemos inseguros por fuera. Alguna gente puede hablar en público y otra no. Alguna gente les teme a las arañas, y otra colecciona tarántulas. Cuando están inseguros, algunos son tan callados como un ratón de iglesia, y otros son tan malos como una serpiente. Si quieres deslumbrar a Dios, no ignores, niegues, ni eches a un lado tus inseguridades, y no deseches la conducta extraña de otros cuando sus quejidos de inseguridad salen a la superficie. Entiéndelas y recíbelas. No dejes que te tomen prisionero. Descubre de dónde vinieron y hazlas regresar. Domina esos sentimientos cuando son tropiezo en tu caminar hacia adelante, y decide vivir sin distracciones. No somos el promedio de las cinco personas más inseguras que tienen opiniones acerca de nosotros; somos el producto de alguna de la gente más enfocada y menos distraída que podemos imitar.

Nada de esto es fácil porque todos vivimos con increíbles conflictos. Es parte de ser humano. El apóstol Pablo, que escribió muchas de las cartas de la Biblia, dijo que su frustración era que hacía lo que no quería hacer, y no hacía lo que anhelaba hacer[1]. Puedo relacionarme con eso, y apuesto a que tú también. La razón es simple: La vida está llena de empujones; la vida está llena de tirones. Lo que quiero decir es que nos vemos empujados por nuestras inseguridades y arrastrados por cualquier cosa que creamos que nos ayudará a no parecer tan inseguros como somos en realidad. Somos criaturas volubles, y a veces es difícil saber si vamos o venimos.

Entonces, ¿cómo conectamos lo que somos con lo que queremos ser cuando cada una de esas fuerzas nos lleva en diferentes direcciones? Somos como Peter Pan, separado de su sombra. Recuerdas la escena. Peter está saltando por la habitación detrás de su sombra que ya no está pegada a él. Ahí es donde vivimos la mayoría: separados, distraídos y frenéticos, pero tratando de parecer lo contrario. Después que Peter persigue su sombra mientras salta por las paredes y el techo, a la larga la agarra. Sin embargo, no necesita mucha información en ese momento; lo que necesita es un amigo que le ayude a reconectarse con su sombra. Peter quiere usar jabón para reconectarla, pero por fortuna, Wendy saca aguja e hilo para un remedio más permanente. Quienes viven con propósito están dispuestos a que les cosan; están dispuestos a reconocer que se han separado, y están dispuestos a que algunos amigos se involucren y les ayuden a volverse a pegar.

Regresa a ti mismo. Reconéctate con tu verdadero yo, que es lo que todos ven más la sombra que no ven. Háblate y dite a ti mismo que está bien ser exactamente quién eres. Las personas que más disfruto no vienen a mí buscando mi aprobación; esos ya han llegado por sí mismos sabiendo que no son perfectos, pero Dios los ama de todas formas. Reconocen que la vida está tratando de encerrarlos en una celda ficticia y llena de falsas expectativas. Es refrescante estar a su lado, y si esa es la clase de persona en la que te estás convirtiendo, despliega la alfombra roja e invítalos a tu vida. Decide deshacerte de la inseguridad y sustitúyela con la aceptación de Dios. Inténtalo. Nada te hace sentir tan bien como echar a un lado las expectativas tóxicas y las distracciones malsanas de amistades, colegas, familia y del mundo a tu alrededor cuando te acostumbras al gozo de ser tú mismo.

* * *

Cuando fui abuelo, decidí quedarme mucho más cerca de casa. Si has leído alguno de mis otros libros, es probable que sepas que dejé de hacer cosas los jueves. Hace unos años, un jueves en enero cancelé setenta y dos eventos para hablar en un día. Fue una decisión costosa, pero no quería perderme ni un momento con mis nietos. Había construido mi vida entera para esta nueva etapa.

La mayoría de la gente fue amable y aceptó mi decisión, pero un evento en Arizona me dijo que estaría en una posición difícil si no iba. Me pidieron que lo reconsiderara, y fueron muy amables. No quise dejarlos en el aire, así que decidí ir. Un vuelo comercial sobrecargado no me pareció bien por todo lo que estaba pasando en el mundo, y como tengo licencia de piloto, decidí alquilar un avión privado barato y volarlo yo mismo. En ese momento me pareció una buena idea.

El vuelo de día de San Diego a Arizona fue sin incidentes, y después de la reunión, fue hora de volver a casa. Era tarde en la noche, y necesitaba cruzar el desierto y la cordillera que separan a San Diego de Phoenix. Despegué hacia el cielo nocturno, con un desierto oscuro debajo y un cielo de ébano por delante. La vista era negra por completo, excepto por los instrumentos en la cabina. Hay una belleza silenciosa en esos momentos, y agradecí el viaje de regreso.

Volar sobre lugares deshabitados como este es más difícil que volar sobre ciudades, pues no hay luces debajo ni en el horizonte. Es como estar dentro de un saco o en una caverna subterránea donde no puedes verte las manos delante de la cara. Como resultado, es fácil desorientarse, y es preciso depender de los instrumentos para no terminar volando en círculos ni descender accidentalmente y chocar contra algo. Por eso me asusté más que un poco cuando perdí dos de los instrumentos del avión alquilado sobre el desierto. En un momento funcionaban, y al siguiente simplemente no funcionaban. Me puse alerta como si acabara de beber una caja de bebida energética Red Bull.

La situación se me volvió muy tensa con rapidez. Esto fue lo que hice: Nivelé las alas y ascendí un poco más alto para asegurarme de volar por encima de las montañas que tenía delante. Lo hice por unas dos horas y, al final, el brillo de las luces de San Diego estuvo a la vista.

Recordé ese sentido de alivio por volver a casa. Este es mi punto: No dejes que la oscuridad de tus circunstancias o las sorpresas que enfrentas te distraigan de tu destino. Nivela las alas, asciende un poco más, busca las luces del hogar y apunta directo.

Yo soy optimista por naturaleza. Si escucho que el cielo se está cayendo, busco una red para tomar un poco. Nunca sabemos cuándo vamos a necesitar un poco de cielo azul, ¿verdad? Los cínicos de los tiempos bíblicos no eran como los modernos. Al contrario. Los cínicos antiguos vivían con sencillez y humildad. Uno de sus pioneros, Diógenes, vivía en una gran tinaja de cerámica. Me apuesto que se parecía a nuestro primer apartamento.

Se pasaba los días caminando por Atenas con una linterna. Cuando le preguntaban por qué lo hacía durante el día, decía que buscaba hombres y mujeres que vivían de manera virtuosa. Encuentra personas así hoy en día y rodéate de ellas. Busca las virtudes, no los defectos, en las personas que te rodean, y encontrarás un hermoso camino en tu vida.

Los cínicos de hoy en día no se mueven de esa manera. Parece que siempre se levantan con el pie izquierdo. Son como francotiradores, pero están lejos de ser valientes. Se encumbran y luego camuflan sus posiciones. Se esconden en los lugares elevados que construyen, y luego le disparan a la gente sobre la que quieren ejercer el control. Si no estás de acuerdo con ellos o no cedes a sus opiniones, tú mismo te conviertes en un objetivo. No me hubiera gustado tener un cínico como copiloto durante mi vuelo nocturno, y tú tampoco deberías tenerlo en tu vida. Si el cínico eres tú, por favor, deja de serlo, por tu bien y por el nuestro. Sé que piensas que estás siendo útil, pero la dura verdad es que no es así. Puede que no te des cuenta, pero eres una distracción.

No creo que esto sea una exageración: Es probable que el cinismo de hoy en día le haya costado al mundo corazones, vidas, curas para enfermedades y billones de dólares. También ha arruinado muchas cenas festivas. No seas el cínico en tus círculos. Solo estarás arrastrando a la gente y distrayéndola con tu pesimismo. Reconoce que los cínicos solo llevan sus inseguridades bajo la manga y de manera inconsciente tratan de crear un denominador común bajo. Los cínicos modernos probablemente dirán que son realistas, pero no me lo creo.

Si eres el receptor de un camión lleno de negatividad, no estás sin remedio. Cada vez que un cínico te dé una invitación oscura para acompañarle en la jornada, devuélvesela. Te está ofreciendo un paseo en un auto sin neumáticos que viene andando por años sobre las llantas de aluminio. Por eso hacen tanto ruido y dejan escapar chispas. Toma el autobús. Si es necesario, camina. Así que deja de aceptar andar con cínicos. Es un viaje sin regreso lleno de distracciones.

Además, nunca he encontrado un cínico valiente. ¿Y tú? *Sí* he encontrado a muchos distraídos tratando de convencer a otros para que les acompañen. No muerdas el anzuelo. Incluso en nuestras comunidades de fe, donde esperarías encontrar un lugar de abundante amor y aceptación, encontrarás personas que se reúnen para chismear y tratar de controlar el comportamiento de las personas con las que no están de acuerdo, señalando con dedos huesudos y lanzando palabras agudas en tu dirección. Que no te distraiga esta mutación de la fe. Sabrás que has encontrado la comunidad adecuada cuando solo se habla acerca de Jesús y lo que hizo con su vida, y no de la opinión de otro acerca de lo que debes hacer con la tuya.

* * *

Este es un espacio seguro en el que estamos juntos, así que déjame hacerte algunas preguntas. ¿Qué estás haciendo con tu vida? ¿Te has alejado de un lugar que sientes como tu hogar? ¿Has pasado de ser un optimista en busca de virtudes a ser un cínico moderno? ¿Eres rápido para enojarte y desanimarte, o encuentras el lado bueno y las posibilidades dondequiera que mires? ¿Qué haría falta para empezar a buscar las virtudes en las personas y las circunstancias en las que te encuentras?

Estas son preguntas profundas y serias, y espero que las contestes en tu corazón con sinceridad, tolerancia, y gracia... aunque no te gusten las respuestas. Si vas a vivir una vida sin distracciones y con un propósito inmenso, debes comenzar con una total sinceridad. Si aún no lo has intentado, déjame contarte un secreto sorprendente. Es refrescante y liberador decirte la verdad a ti mismo. No temas llamarlo por su nombre. ¿Te has salido del carril con estas distracciones del alma? De vez en cuando yo lo he hecho. La mayoría lo ha hecho. Dios no diseñó tu vida para que fuera una prisión. Él ya quebró los grilletes y derrumbó las puertas. No dejes que una mentira te mantenga inmóvil. Eres tan libre como estés dispuesto a permitirte serlo. Dios nos invita a todos a dar un paso hacia la luz del sol. Está llamándonos al avión. Sé que a veces hay oscuridad, pero nivela las alas, gana altitud, mantén la vista en la brújula y apunta tu vida hacia Jesús.

4 LA FELICIDAD DE LA BÚSQUEDA

La distracción puede apoderarse de tu calendario y secuestrar tu felicidad

Cuando estaba aprendiendo a volar, me di cuenta de que en la aviación hay un acrónimo para casi todo. Por ejemplo, antes de despegar o aterrizar, revisas el GUMPS. Esto significa que hay combustible [G = *gas*] suficiente en el tanque para no quedarte vacío cerca de tierra. A continuación, revisas el tren de aterrizaje [U = *undercarriage*] del avión, con el propósito de asegurarte de que las ruedas estén bajadas y bloqueadas; siempre es una buena decisión. A fin de tener la potencia necesaria para despegar o dar la vuelta e intentarlo de nuevo si el aterrizaje no sale según lo planeado, debes tener la mezcla de combustible

[M = *mixture*] de combustible lo más abundante posible. Los controles de la hélice de un avión [P = *propeller*] pueden cambiar el tono con que corta el aire y necesitan tener la fuerza máxima también. Por último, los cinturones de seguridad [S = *seatbelts*] deben abrocharse y revisarse.

Cada año escucharás algunas historias sobre alguien que se quedó sin combustible y se estrelló, aterrizó con la barriga del avión, pues se olvidó de bajar las ruedas o no tenía la potencia que necesitaba para despegar. Uno pensaría que estas cosas serían obvias para cualquiera con licencia para volar, pero con todas las decisiones que un piloto debe tomar en un corto tiempo, hasta los pilotos comerciales más experimentados corren el riesgo de perder pasos importantes. Así que hacen una verificación GUMPS antes de cada despegue o aterrizaje para organizar el flujo de las decisiones.

El truco en la aviación es que haya silencio en la cabina. Con eso quiero decir que hay que evitar distraerse con lo que sucede afuera de la cabina y desviar la atención de lo que sucede dentro. Lo trágico fue que esto sucedió con la leyenda de baloncesto Kobe Bryant, su hija y siete más a bordo. El piloto se desorientó con lo que sucedía fuera de la cabina, y el resultado fue un desastre devastador. Acalla tu vida si se ha vuelto ruidosa. Busca algunos amigos seguros y baja la actividad uno o dos grados.

¿Cuántas decisiones piensas que tomas en un día regular? ¿Una docena? ¿Cien? ¿Te parece que mil es más acertado? Escucha esto. Cada persona toma unas cinco mil decisiones al día. Más si pasas una hora en una tienda de dulces. Algunas decisiones son mundanas, otras son más importantes. Decidimos dónde vivir, si nos casamos y con quién, el empleo que debemos aceptar y el que queremos dejar. El auto que compraremos o el autobús que tomaremos. El pastel o los vegetales que comeremos. (Ve con la tarta para ganar). A quién le creeremos y a quién no, dónde iremos y qué tiempo estaremos allí, la fe que aceptemos o ignoremos, y otras decisiones incontables.

Sin embargo, aquí hay algo sorprendente: La mayoría nunca decide ser feliz. Me apuesto a que la mayoría pensamos que la «felicidad» es el resultado de otras decisiones, pero eso no es todo. Sí, las circunstancias pueden ser de veras horribles, pero ser feliz es una decisión igual que cualquier otra. No es que no queramos ser felices; es que tantas otras cosas infelices nos distraen que nunca logramos esa felicidad que buscamos. Quizá pensemos que necesitamos una invitación o permiso para ser feliz. ¿Y qué si queremos que esos sentimientos felices se conviertan en un gozo más profundo y duradero con una vida más larga?

Considera esto. En contraste directo con nuestro complicado árbol de decisiones, un niño toma en un día solo el diez por ciento de las decisiones de un adulto. Quizá uno de los beneficios de tener la fe de un niño que Jesús nos dijo que debemos tener es que tenemos menos decisiones que tomar y, en realidad, menos distracciones. ¿Has visto alguna vez un niño con un montón de Legos? Es como si el resto del mundo no existiera. Están perdidos en la hermosa singularidad del gozo creativo y el propósito que encuentran en el juego. No les importa si llegan temprano o tarde a lo próximo que hay que hacer. Están presentes y sin distracciones.

Mientras tanto, el cielo danza y celebra la belleza sencilla de un niño, y nos invita a hacer lo mismo. Quizá debamos aprender una lección o dos de los niños a nuestro alrededor: concéntrate por completo en algo duradero e importante, elimina unas cuantas decisiones y encuentra el gozo una vez más.

La mayoría de la gente espera encontrar la felicidad en casa, pero la dura verdad es que no están presentes lo suficiente como para experimentar lo que les espera allí. Las distracciones simples y complicadas nos alejan de la gente que amamos. Cuando esto sucede, el resultado es sutil y tóxico. Nos conformamos con la proximidad en vez de la presencia mutua. ¿Sabes lo que quiero decir? ¿Sabes a qué me refiero? Sabrás que esto te está pasando si solo escuchas los aspectos más destacados en las conversaciones de tu ser querido sin tomar nota de las emociones y el lenguaje corporal que también están presentes en la habitación. Estas distracciones están disfrazadas de elementos conocidos como la carrera, las reuniones y los ascensos. Estos invaden el hogar y vienen vestidos de actividades extracurriculares, deportes y pantallas electrónicas. Se parecen a llamadas de negocio, videojuegos, conferencias por Zoom, programas de televisión, comités, reuniones y hasta iglesias.

Si queremos vivir sin distracciones, necesitamos ser sinceros y reconocer que toda esa actividad está secuestrando nuestro gozo. Aun así, aquí tienes la buena noticia: Podemos arreglarlo con la misma facilidad que lo echamos a perder. Busca un par de guantes de béisbol y cuéntale a tus seres queridos acerca de tu día mientras tiras la pelota. Si contestas el celular cuando juegas, pierdes un diente. Eso es lo que significa dejarlo todo en el juego. Busca madera y enciende una fogata. Busca sillas y llénalas de gente a quienes hace tiempo que no ves, y observa las llamas danzar. Deja que el humo se te meta en la ropa y al día siguiente olerás a una docena de conversaciones placenteras.

Hazlo con urgencia también. No te queda tanto tiempo como crees. Esto te lo dice alguien que lleva bastante tiempo por aquí. Hay un dicho que me parece que casi siempre es cierto: Los días son largos, pero los años cortos. Si llenas los días de cosas triviales, un día mirarás y verás que habrá pasado un año, una década o medio siglo. No esperes a llegar a viejo para preguntarte: *¿Qué hice con todo ese tiempo?* ¿Por qué no preguntarte ahora mismo? *¿Qué haré con el tiempo que tengo por delante?* ¿Cómo quieres responder? Una vez que decidas cómo quieres que sea tu futuro, haz un par de movidas como si tu vida sea tuya en realidad, porque lo es. Deja el trabajo, llama al amigo, pide disculpas, lanza el sueño, toma la foto... el cielo solo espera que lo hagamos.

Yo he pasado algún tiempo explorando las ramas de mi árbol familiar, y resulta que la mayoría de los hombres de la familia Goff salen de la fábrica como un juguete de cuerda con solo un número limitado de vueltas. Somos conejitos de las pilas *Energizer* que dejamos de tocar el tambor y nos caemos más o menos a la misma edad. Como parece que todos caemos al mismo tiempo, yo me he apoderado de esas fechas y tengo un reloj que cuenta de manera retroactiva y me recuerda cuántos días me quedan. ¿Te parece una locura o algo macabro? Yo pienso que ninguno de los dos; más bien creo que es brillante. Pruébalo. Cuenta el tiempo que crees que te queda por vivir, pon una alarma retroactiva desde ahí, y mira cómo cambia tu vida. Me apuesto a que discutirás menos y pasarás menos tiempo en las redes sociales. Buscarás más arcoíris, cascadas, y mirarás más puestas de sol. Navegarás por las olas en vez del internet, y cambiarás los programas de telerrealidad por... la verdadera realidad. En pocas palabras, tu vida real será tan buena que muchas de esas cosas artificiales ya no te distraerán.

Es fácil caer en la trampa de «seré feliz cuando...». Tenemos la tendencia a pensar que la felicidad es algo allá afuera que debemos lograr. Este aplazamiento nos parece seguro, pero escucha con cuidado: No lo es. En su lugar, ¿qué pasaría si comienzas a declarar para ti, con la ayuda de Dios: «Buscaré el gozo», sin calificadores ni añadiduras? Pablo habló de algo en un nivel más profundo. Habló del contentamiento[1]. ¿Por qué no nos adentramos más? Sustituye las palabras *contento*, o *totalmente presente*, por la palabra *feliz*, y verás que tienes un juego: «Me *contentaré*». «*Estaré* totalmente presente». Estas declaraciones pueden darle un poder sin explotar a tu vida. He aquí lo más sorprendente. Si lo quieres, tú tienes todas las palancas para que esto suceda. ¿Significa que puedes controlar todas tus circunstancias, reveses, resultados y desilusiones? Claro que no. En cambio, sí puedes influir en esto. Podemos eliminar las distracciones que nos han nublado la vista de lo que Dios está haciendo en el mundo. Y nos transformaremos desde dentro hacia afuera.

No hace falta que nos protejamos contra la decepción manteniendo nuestras expectativas bajas. No vale la pena tomar esta rampa de salida ancha, engañosa y llena de baches, y que no te llevará a ningún lugar que valga la pena. Asume, en cambio, que Dios va a hacer de manera inexplicable, extrema e insondable más de lo que jamás podrías haber visto o imaginado. Si eso no te hace sentir un poco feliz y alegre, necesitas un helado.

Y de nuevo, antes de que te apresures a descartar «ser feliz» o encontrar la alegría como un derroche o un algodón de azúcar para el cerebro, pensemos en esto por un segundo. Las personas que son felices y están llenas de alegría logran mucho más que las que no lo están. Es cierto, y los únicos que no pueden ver esto suelen ser los infelices.

Si eliges la felicidad y la alegría, los resultados serán la amabilidad, la empatía y el compromiso. Si hay alegría dentro de nosotros, todos lo sabrán porque se expresará en forma de bondad, generosidad y acción en tu vida. Serás más agradable, y créeme cuando te digo que el mundo necesita más de esto. ¿Por qué hablo de ser agradable en un libro acerca de la distracción? La razón principal es que la gente que no es agradable distrae a todos a su alrededor. Sabes que es verdad, y si eres una de las personas no agradables, de seguro que estás apostando por esta causa y efecto. No lograremos el objetivo importante, valiente y resuelto de ser la versión más invaluable de nosotros mismos si no somos agradables para con nosotros y los demás a nuestro alrededor. No confundas «agradable» con falso o artificial. Encuentra el gozo, y descubrirás una reserva de honor, respeto, empatía y amor por los demás. En una palabra, será más ameno estar a tu alrededor.

Sin embargo, aquí hay algo que ya sabes: Es difícil ser amable todo el tiempo. Tómame a mí, por ejemplo. Creo que soy un tipo bastante agradable. (He preguntado por ahí para confirmar esto). Aun así, no estoy siquiera cerca de ser agradable siempre. Seguro que hay gente que piensa que soy sutil por no ser amable con la gente que me rodea. Ven un tono, un gesto, una palabra sarcástica, un lenguaje corporal sutil o los ojos en blanco como señales de mi desaprobación. A menudo los que han creado un caso acerca de cuán desagradable eres, no son muy agradables tampoco. Lo cierto es que gastamos una cantidad loca de energía descifrando los momentos rudos de otros o controlando los nuestros; energía que podemos usar mejor viviendo la vida abundante que Jesús dijo que tendríamos.

Tengo un familiar que es bastante difícil, o al menos lo era. La última vez que hablé con esta persona fue en mi boda, hace casi treinta y cinco años. Deja que esto cale por un momento. ¿El hombre que escribió libros como *El amor hace*, y *A todos, siempre* tiene este problema? Quizá los debí haber titulado *El amor hace (pero solo a veces)*, o *A todos, siempre (excepto este familiar difícil)*. ¿Y tú? Si fueras extremadamente sincero, ¿cómo se llamaría el libro que estás escribiendo de tu vida?

Recuerda esto: La mayoría de las personas desagradables no creen que sean malas. Piensan que tienen razón. Si eres una persona de fe, en algún momento tendrás que decidir si quieres tener razón o si quieres ser Jesús. Elige con sabiduría, pues estás escogiendo algo más que un argumento; estás eligiendo tu legado. Si tienes dificultades para ser amable en lugar de apretar los engranajes, tal vez te convendría apretar el embrague y averiguar qué es lo que impulsa este comportamiento. No estamos aquí para juzgar y evaluar la vida de los demás; deberíamos ser nosotros los que animáramos desde las gradas y agitáramos los brazos en el aire en espera de lo que viene en la vida de alguien. Cuando tener razón se interpone en el camino de ser amable, tenemos que recuperar el aliento y decidir quiénes queremos ser de nuevo.

A los tontos se les olvida pronto, pero un acto de bondad mezclado con alegría puede recordarse para siempre. Además, el mundo parece estar lleno de tontos en estos días, y si eres malo, haces que las personas malas parezcan normales, y esto no debería ser el estándar.

* * *

La distracción nos priva de la capacidad de vivir el momento y de discernir lo que perdura. Puede resultar delicioso atacar a alguien con quien no estás de acuerdo o no te gusta, sobre todo si adopta una posición absurda o insostenible. Por un poco de tiempo puede ser reconfortante experimentar un «nosotros versus ellos», pues nos da un sentido de pertenecer a un grupo de gente enfadada por igual. Sin embargo, nuestra residencia final no tiene remitente en la tierra, así que buscar cosas que duren es siempre una buena jugada a largo plazo.

Cuando era Niño Explorador, pasábamos una cantidad de tiempo exorbitante aprendiendo a encender, cuidar y apagar fogatas como es debido. El jefe de tropa nos paseaba por el bosque que rodeaba nuestro campamento y nos indicaba qué madera era duradera y buena para quemar, así como otra madera que producía una gran llama, pero solo por poco tiempo. Por si te sirve de ayuda, la próxima vez que vayas de acampada, aquí tienes un consejo: Las maderas duras, como la del roble, son excelentes para quemar; las blandas como el pino, no. El roble arde muy bien y con poco humo; el pino arde como una bengala, pero pronto desaparece. Nos enseñó que si quieres que el fuego arda durante mucho tiempo y con calor, tienes que elegir la madera adecuada. Esto es bueno para predicar. Si quieres causar un gran impacto en el mundo, deja de tirarle pino al fuego de tu vida y quema roble. Piensa a largo plazo. Pablo no les dijo a sus amigos nada menos. Les recordó avivar las llamas del fuego que Dios había encendido en sus vidas. En resumen, si quieres la llama adecuada, busca la madera apropiada.

Si quieres comenzar a quemar un fuego más caliente en tu vida, no te sigas rindiendo al egoísmo que te crea distracciones. Es como poner madera verde en el fuego. He aquí el porqué. No podemos avivar la llama si estamos distraídos tratando de quemar la madera verde fácil de conseguir. La vergüenza es madera verde. Igual que la envidia y la comparación. Las preocupaciones son madera verde en tu vida. También las discusiones innecesarias. Todo lo que obtendrás es humo de estas.

Deja de lado las distracciones manuales. Piensa en el uso del teléfono como un engaño a tu familia. Si tienes el hábito de revisar sus pantallas a cada momento, no seas duro contigo mismo. Solo busca un hábito mejor. Haz pasta, cría colibríes, cómprate una batería o una tuba. Compra una caja fuerte y pon ahí el teléfono cuando llegues a casa. Dale a tu esposa o a tus hijos la llave o la combinación. Hazte recordatorios acerca de la importancia de estar presente por completo para tu familia y no perderte nada. Cambia el tono de llamada de tu celular a «Cat's in the Cradle» cantada por Harry Chapin. Tomarás en tus manos menos al teléfono y más a tus hijos.

Si quieres ver un cambio en tu vida, mira con sinceridad dónde estás ahora. ¿Cómo empleas el tiempo? Escribe en un plato de cartón la cantidad de tiempo que pasas con tu familia. Piensa en el plato completo como una gráfica circular de las veinticuatro horas que tienes cada día. Si te pasas ocho horas durmiendo, estupendo. Duerme nueve, si lo necesitas. Entonces, colorea esa parte en el plato de cartón. ¿Cuánto tiempo pasas trabajando, ya sea de manera física en el centro de trabajo o no? Sé sincero. No colorees la cantidad de tiempo que quisieras pasar trabajando. Marca la verdadera cantidad de tiempo que empleas en diferentes aspectos de tu vida. Si las líneas se han hecho borrosas, pídele a alguien a quien amas o que vive contigo que te dé un estimado. Su respuesta te puede desanimar, pero hay que decir la verdad. Al menos sabrás con qué estás lidiando.

Pregúntate cuánto tiempo sin distracción pasas con tus seres queridos. Si eres casado, ¿con cuánta frecuencia profundizas y practicas la autenticidad? Sombréalo. No olvides el tiempo que usas yendo detrás de cosas que te dan gozo, propósito y ánimo, ya sea leer un libro, montar en monociclo o dar un paseo en paz por el parque. La gente que vive con mucho propósito y dirección tiene una cantidad de distracción inversamente proporcional que deja entrar a su vida. Cuando descifres lo que pasa en tu vida, échale una buena mirada a tu plato. Sabrás que estás distraído si los tamaños de tus trozos de pastel no coinciden con la forma de la vida que quieres.

No te desanimes si no te gusta lo que ves. Aquí está la solución. Rodéate de recordatorios de quién eres y lo que quieres. Ponte alarmas que marquen el final de cada actividad y el principio de meterte de lleno en la próxima. Haz una bandera familiar. Coloca en ella imágenes y símbolos que te recuerden lo que más le importa a tu familia. Iza esa bandera sobre tu casa y tu vida cada día. Una bandera también te ayuda a decirle a la gente lo que necesitas. Si se trata de un pastel de chocolate, ponlo en una bandera y súbelo al asta. Nuestros amigos no sabrán lo que necesitamos si no se lo indicamos.

Acércate a amistades y seres queridos de los que te has distanciado. Ve tras ellos como si tuvieran algo tuyo, pues lo tienen. Cuando algo va mal, en vez de decirles a tus amistades: «Espero que te sientas mejor», busca la manera de hacerlos sentirse mejor. Esto requerirá sacrificio y compromiso por tu parte, pero las personas que ya no viven distraídas hacen cosas así por las personas que les importan.

¿No lo ves? El reloj está corriendo. Tus años pueden quedar marginados por las muchas decisiones diarias que la vida te exige. Tal vez necesites romper con algunas de las rutinas de las que te has acostumbrado. Recuerda, para muchos de nosotros la distracción es normal, la posición por defecto. Cuando sobrecargas tu vida con decisiones que parecen importantes pero no lo son, renuncias a la oportunidad de escoger la felicidad y el gozo.

Entonces, ¿por dónde empiezas? Bueno, hay tantos puntos de comienzo como tienes de excusas. Primero, ten esa conversación contigo mismo que has venido posponiendo. Tal vez tengas que romper con tu pasado. Sé que será extraño hacer los cambios necesarios, pero hazlo de cualquier modo. Declárate libre por completo de esas distracciones, hábitos y actividades que te son conocidos, pero que de nada te sirven ya. Deja espacio para un par de nuevas rutinas que te lleven a ser quien eres, y luego sustituye todos los hábitos anteriores que habías adoptado y que oscurecían el camino.

¿Sabías que la Declaración de Independencia de los Estados Unidos solo cuenta de dieciséis oraciones? Si un mosaico de colonias rompió con Inglaterra en treinta y seis frases, tú puedes romper con tus distracciones en una docena. ¿Necesitas una oración acerca de un diálogo interior negativo? Escríbela. Avísale a esa tontería por qué tú renuncias a ella por completo. Declara: «No soy yo, eres tú. Yo me voy». ¿Y qué de la vergüenza o de complacer a la gente? Échalos a la acera. ¿Y qué de pedir permiso para hacer lo que ya tienes permiso para hacer? Solo serás tan libre como piensas que eres. Escribe tu «Declaración Contra la Distracción», y abróchate el cinturón. Acabas de crear el espacio para que una abundancia de alegría y propósito inunde tu vida.

5

¿CUÁNTOS DEDOS VES?

Deja que te cautive el propósito y te preocuparás menos por las predicciones de otros

Cuando era niño, alguien en mi clase hizo correr un rumor de que yo era un prodigio. No duró mucho tiempo, pero por una semana tuve el título. No fui yo el que lo comenzó, pero me hubiera gustado ser lo suficiente listo como para hacerlo. Sin embargo, antes de que ese globo se rompiera, me trasladaron a una escuela de alcurnia para niños prodigios. En un día quebranté suficientes reglas para que me echaran. No recuerdo las ofensas, pero fueran las que fueran, deben haber sido grandes. ¿Quién sabe? Quizá no entendiera el noveno valor de pi, o que *isósceles* es un triángulo y no un sabor de helado. Tampoco podía volver a mi escuela anterior, pues las reglas del distrito no lo permitían. Allí estaba, echado para siempre del jardín de infancia. Lo que hice debe estar sellado o algo así, pues nunca me enteré de la ofensa. Recuerdo que al llegar a casa mi madre estaba en una escalera pintando detrás de la casa. Todo lo que dijo fue: «Estoy desencantada». Sacudió la cabeza, y eso fue todo. Tampoco sé si uno de los dos jamás se recuperó de esa desilusión. Allí comenzó mi ilustre carrera de rendimiento inferior.

Mi segunda ronda en el jardín de infancia vino un año después. Aprobé con todo éxito. No, literalmente dijeron que podía tirar los colores más lejos que todos en la clase. Entonces, a esa tierna edad, mis padres comenzaron a darse cuenta de que los legos en mi cabeza no se apilaban como los de los demás.

* * *

En primaria, las cosas no eran como ahora. En esa época había dos tipos de clases para cada grado: la clase de los inteligentes, y la clase de los brutos y los buscapleitos. Los que estaban a cargo de la asignación deben haber leído mi expediente porque sin vacilar me pusieron con los de bajo rendimiento. Recuerdo a mi maestro, el Sr. Ramos. Era el único maestro hombre en la escuela, y era grande, como un jugador de fútbol americano. Era una figura intimidante para los chicos de ocho años, con sus bíceps gruesos, las venas saltándole de los antebrazos y una mirada molesta que hacía llorar a un perro. Creo que la escuela pensó que esta isla de juguetes inadaptados necesitaba una mano fuerte para mantenernos controlados, pues el Sr. Ramos nos informó desde un principio que no aceptaría «diabluras» de nuestra parte. Escribo la palabra entre comillas debido a que recuerdo con claridad que lo que dijo era mucho más diferente y amenazador. De modo que dejó bien claro que él era el jefe.

En la clase había un chico llamado Mark. A los ocho años era casi tan grande como el maestro. Era el líder de nuestro pequeño grupo. Durante el recreo, conspirábamos elaboradamente acerca de cómo podríamos derrotar al Sr. Ramos, y nos reuníamos como grupo para planificarlo usando los *Cheetos*, tarros de leche y el borde de los sándwiches que nuestras mamás se olvidaban de cortar. Era claro que éramos un grupo fuerte. Yo no conocía el trasfondo de Mark, pero pensé que era mafioso o algo así. En el patio, me pregunté en voz alta si alguien podía pertenecer a la mafia a los ocho años, y Mark confirmó que sí.

Siento decir que no salí de esa mediocridad de escuela primaria por muchos años. Muchos, muchos años. Mientras tanto, el desencanto de mis padres conmigo se multiplicaba con cada libreta de calificaciones. Cuando por fin llegué al instituto, todavía no era gran cosa como estudiante. Las palabras *material de universidad* no se usaban con mi nombre en la misma oración por ninguno de los asesores de la escuela. Lo que todos esperaban de mí era un diploma, y marqué esa casilla cuando me gradué de manera milagrosa. Para mí, la trayectoria parecía ser trabajar en cualquier cosa hasta el momento de jubilarme. Entonces, viviría del Seguro Social hasta que el gobierno no me lo permitiera o el sistema fuera en bancarrota. Para la gente que más admiraba, siempre me faltaban algunos tornillos en la cabeza. No tenía el alambrado necesario para lograr sus expectativas para mí, y a mí no se me ocurrió cambiar mi historia. Pasaría algún tiempo antes de que eso sucediera, pero ya algo había empezado a cambiar en mi mente.

Como alumno, mi meta era llenar los requisitos mínimos para un diploma y, luego, apuntar aún más bajo. Si podía lograr ese blanco sin que me expulsaran o encarcelaran, pensé que mi tiempo en el instituto sería un éxito. Soporté las clases de inglés y matemáticas, pero mi horario estaba lleno más que nada con clases de taller. Era solo ahí que el instituto tenía sentido para mí, así que me apunté para todas: taller de metales, de autos, electricidad y carpintería. Si el «taller de bandas de música» hubiera existido, me habría apuntado a él y habría llevado un soldador de acetileno bajo el brazo.

El maestro del taller de carpintería era el Sr. Hodgkins. Era un tipo espectacular. Entonces, me parecía una antigüedad, lo que quiere decir que tenía más de treinta años. Tenía un fuerte acento sureño que hacía que escucharlo fuera divertido. No era astuto, sonreía con facilidad y te desarmaba con la apariencia. Le hablaba a cada alumno como un igual y nos trataba como si fuéramos lo bastante inteligentes como para evitar dispararnos en los pies con pistolas de clavos, beber pegamento de madera o meternos tarugos por la nariz. ¿Sabes cómo lo sé? El primer día de clase daba el mismo discurso de todos los semestres: «No se disparen con la pistola de clavos, ni se coman el pegamento para madera, ni se metan tacos en la nariz, ¿de acuerdo?». Todos asentíamos sin protestar. Nos gustaba mucho.

Recuerdo muchas cosas del Sr. Hodgkins. Siempre usaba camisas a cuadros y botas de leñador, es probable que hasta para dormir. Era tosco y bondadoso. El rostro ya parecía arrugado por los años, y a veces andaba por el pasillo cubierto de serrín. Sin embargo, lo más peculiar de su apariencia era que solo tenía tres dedos en la mano derecha. Los otros dos los perdió a lo largo del camino.

Cada vez que teníamos un nuevo proyecto, el Sr. Hodgkins nos enseñaba a usar las herramientas que necesitábamos. Lo demostraba con pedazos sueltos de madera y nos invitaba a intentarlo. Aprendimos a usar la lijadora, el taladro hidráulico y el torno. Ese semestre me emocioné mucho pensando en el proyecto que haríamos: un par de alas diseñadas por da Vinci con las que podría volar una distancia corta. Solo es una broma, terminé construyendo una lámpara y probando que podía convertir veinte dólares de madera en un artículo de cinco dólares sorprendentemente previsible.

Un día, casi al final de la clase, era hora de usar la herramienta más grande: la sierra de mesa. El Sr. Hodgkins se paseó entre nosotros muy serio, mientras nos acercábamos a aquel equipo tan grande No estoy seguro por qué, pero había una energía nerviosa en el aula, como si fuéramos a tirarnos de un precipicio, o algo así. Todos estábamos ansiosos y temerosos al mismo tiempo. El Sr. Hodgkins se paró junto a la sierra y golpeó la superficie. Entonces, movió su mano hacia la apertura de dónde saldría la cuchilla, los espacios vacíos de los dedos que le faltaban acariciaban el lugar de donde pronto saldrían los dientes afilados. «Con esta... deben tener *muuuucho* cuidado». Al ver los dedos que le faltaban, todos tratamos de no mirar con fijeza al mismo tiempo.

El Sr. Hodgkins retiró la mano, encendió un botón y la cuchilla cobró vida debajo de la mesa. El taller se llenó con la furia aguda de los dientes de metal girando cientos de veces por segundo. El Sr. Hodgkins comenzó a hacer girar otra rueda debajo de la mesa. Al hacerlo, vimos la cuchilla levantarse lentamente en posición de cortar. Para dar efecto, el Sr. Hodgkins se dio la vuelta y nos miró con una sonrisa traviesa y las cejas levantadas entre paso y paso. Puso un trozo de madera sobre la mesa y lo deslizó poco a poco hacia la hoja, que lo cortó en rodajas finas como una tostada. Empujó la madera despacio a través de la hoja y nos gritó: «Tienen que dejar que la hoja haga el trabajo. No presionen demasiado. Sabrán cómo se siente después de hacerlo unas cuantas veces».

Continuó cortando la madera, empujándola con las manos hasta que no había suficiente para mantener los dedos a una distancia segura de la cuchilla. El Sr. Hodgkins se detuvo, apagó la sierra y todos le prestamos atención. Nos hizo acercarnos. «Asegúrense de que los dedos no estén muy cerca de la cuchilla, ¿bien?». Su intención fue firme cuando lo dijo mientras nos miraba a los ojos a cada uno. «Cuando el final de la madera llegue hasta aquí, busquen una vara para *empuujar*». Todos sabíamos que quiso decir «empujar», pero con su acento, parecía más como «empuujar». Todos sonreímos. Era claro que en algún momento el Sr. Hodgkins no usó una vara para empujar. ¿Crees que no podíamos confiar en él solo porque cometió un error épico que le costó dos dedos? Claro que no. No confiamos menos porque había fracasado; confiamos más. Su fracaso era obvio. El problema con muchos de nuestros fracasos es que no lo son, y nos perdemos la oportunidad de ganarnos la confianza de otros cuando no tenemos el valor de ser transparentes con ellos.

Me traté de imaginar cómo debió haberse sentido el Sr. Hodgkins aquel fatídico día. Quizá ya fuera maestro de taller o a lo mejor aspiraba serlo. No creo que uno solo se convierta en maestro de taller por tropiezo. Es probable que el Sr. Hodgkins ya tuviera bastante experiencia con cosas como sierras de mesa. Quizá creciera junto a su padre o madre construyendo cosas de madera y aprendiera a usar las herramientas. Solo es una suposición, pero me pregunto si un día se distrajo y perdió los dedos. Aun así, siguió adelante. He aquí lo que me pregunto: cuando falles o tengas un contratiempo, ¿lo harás?

Solo porque el Sr. Hodgkins no siguió la regla de usar la vara de empuuje en el pasado no lo descalifica para darnos consejos. De cierta forma, lo calificó *más* porque era una prueba viviente de lo que esta distracción puede costar. Lo vi como un tipo amable y capaz con alguna experiencia de la vida real para respaldar su instrucción.

¿Supones que el Sr. Hodgkins tuvo que luchar con algún sentimiento de desilusión y vergüenza por haber cometido un error? Quizá, pero a pesar de eso, su amor por enseñar y trabajar con la madera lo impulsó hacia adelante, no hacia atrás. Aprendió lecciones duras, y de seguro dolorosas, pero las convirtió en algo bello para nuestras vidas. Eso es lo que hace la gente que vive con propósito y alegría.

Encontrar tu propósito en la vida implicará algunos fracasos y reveses a lo largo del camino. Ya conoces la expresión: «La resistencia es la clave». Un atleta la necesita para desarrollar los músculos, los autos la necesitan para viajar, un cohete la necesita para desacelerar y tú la necesitas para crecer. No te apresures demasiado para identificarte como víctima cuando eres el alumno. Resiste hacer una lista de quejas y ve cómo Dios ha utilizado estos momentos de desesperación en tu vida para despejar un camino para una gracia muy necesaria.

La lección que aprendí ese día en el taller ha resucitado de muchas maneras desde entonces. Lo que quiero decir es: La gente fracasará; tú fracasarás; todos fracasaremos. Muéstrame a alguien que parece no fracasar y te mostraré a alguien distraído por mantener un ego impulsado por las apariencias sobre la autenticidad vulnerable. A veces los fracasos son grandes, feos y públicos, y dejan cicatrices visibles y permanentes. Otras veces son privados, pero igual de dolorosos. En algunas ocasiones, parecerá como si alguien hubiera fracasado a propósito, pues la idea fue tan mala o la conducta tan horrible que es difícil concebir que solo fuera un error. El hecho es que nadie procura fracasar. A veces nos olvidamos por un rato quiénes somos. Nos olvidamos de las reglas y los límites que nos ponemos. Escuchamos voces inferiores y por un momento estamos de acuerdo. Nos olvidamos de la vara de *empuujar,* y pagamos el precio. En ocasiones, nuestros seres queridos pagan el precio también.

Nosotros hacemos lo mismo con Dios. No sé cuánta gente decide desilusionar a Dios, pero en algún momento todos lo hacemos. Sin embargo, aquí está la cosa: Cuando cometemos un error, tenemos la oportunidad de llevar a pasear su gracia. Hasta el origen de la palabra *gracia* en hebreo nos apunta a una hermosa dirección. Imagínate que pones una tienda en medio de un área rodeada y protegida por un muro de otras tiendas cercanas unas de otras. La gracia no tiene que ver con «rehacer», sino con proteger. Nuestros fracasos nos recuerdan nuestra necesidad desesperada de más gracia y ayuda celestial, no menos. Nuestros fracasos reafirman los propósitos importantes y dignos que tratamos de vivir, pues si no nos importara tanto, ni siquiera veríamos esos errores y fracasos.

El desafío es este: ¿Qué creerás de ti mismo después de un fracaso? ¿Darás por sentado que te estrellaste y quemaste en la receta de otra persona para tu vida? ¿Dejarás de hacer la única cosa que Dios puso frente a ti para que la domines, a pesar de que la arruinaste la primera vez? ¿Dejarás que la aprobación y el aplauso sean tu barómetro para el éxito, el propósito y el significado? ¿O verás y apuntarás a algo diferente, algo más hermoso para lo que te ha preparado Dios?

* * *

Desde que era un poco más larga que una trucha, le he estado diciendo a mi hija, Lindsey, que un día un hombre querría casarse con ella. Le he dicho que si me gustaba, lo invitaría a construir junto con mis otros hijos una capilla en nuestra propiedad en Canadá para la boda. También decía que si no me gustaba, no lo haríamos.

Un joven maravilloso llamado Jon llegó un día a la vida de mi hija. Pronto floreció su relación, y todos pudimos ver a dónde iba. Jon es un alma brillante y humilde. Es bondadoso y tierno, ama a Dios, y es increíblemente enfocado y deliberado en todo lo que hace.

Jon nos pidió a la dulce María y a mí reunirnos un sábado. Sentados en el patio trasero de la casa nos dijo lo que Lindsey significaba para él y cómo quería pasar el resto de su vida aprendiendo más acerca de las profundidades de su bello corazón. Como padre, uno sueña con este día y con el que estará del otro lado de la conversación. Uno espera a alguien tan maravilloso como Jon. Controla tus expectativas, pues esto no lo puedes controlar. Entre tú y yo, me encantaba Jon, pero como padre pensé que necesitaba poner una cara inexpresiva.

Después de todo, Lindsey es mi única hija, así que esta conversación sería el ensayo y la función para el único espacio que tengo disponible para el único yerno que tendré.

Escuchamos con intención mientras nos decía cuánto amaba a Lindsey y nos pedía la bendición sobre la decisión que ya habían tomado de casarse. «No sé», dije mientras lo miraba de arriba a abajo a ver si tambaleaba un poco. (No lo hizo. Este hombre podía desarmar una pantera con solo mirarla). «¿Sabes usar un martillo?».

«¿Eh?», dijo.

Lindsey no necesitaba un edificio para saber que su padre y su familia la amaban. A decir verdad, no lo quería. ¿Sabes por qué lo construimos? Porque yo quería un yerno que fuera un amigo, no solo alguien con quien tuviera que ser decente. Yo quería que Lindsey se casara con alguien que se deleitara en ser parte de lo que estábamos construyendo como familia. Quería aprender de Jon acerca del poder del propósito en su propia vida y cómo echaba a un lado las distracciones para lograrlo.

Un día, casi al comienzo del proyecto, era hora de hacer cortes al hilo a fin de preparar las vigas para las paredes laterales. Para estos cortes hace falta una sierra de mesa. Jon y yo caminamos y encendimos el botón. El aire se llenó de zumbidos y del serrín microscópico de trabajos pasados. Pusimos la primera viga en la mesa, y Jon comenzó a empujar. Cuando tenía los dedos algo cerca de la cuchilla, se detuvo, tomó un pedazo de madera suelta y empujó la viga. De inmediato pensé en el Sr. Hodgkins, la sabiduría que aprendí de él y la confianza que tenía en Jon. Usó la vara de *empuujar.*

Esto es lo gracioso. No terminamos la capilla a tiempo, y Jon y Lindsey se casaron debajo de un cenador que Jon mismo construyó y cubrió con ramas. Les gustó mucho más que cualquier estructura que yo hubiera ideado. Aun así, trabajar como familia en la construcción de la capilla siempre se quedará en mi mente como uno de mis recuerdos favoritos. Antes de terminar las paredes interiores, algunos amigos vinieron a la cabaña, y todos escribimos oraciones y mensajes de esperanza y propósito en los marcos para nuestra familia y generaciones futuras. Cada vez que entro en ese lugar, escucho los susurros de las verdades de seguir el propósito de Dios en nuestra vida sin distracciones.

El único libreto que Dios tiene para nosotros es Jesús. A Dios no le importa cuál es tu *alma mater*, por quién votaste ni tu posición en el tema del día. A Él no le importa lo que tienes en tu cuenta bancaria ni si lideras por el frente o desde atrás en la iglesia. Ni siquiera le importa si trabajas en Disneylandia. Su única cinta de medir es su Hijo que ama. Lo que es inimaginable e inexplicablemente bello es que Dios nos ama con ese mismo amor, en igual medida, sin comparación, hasta el fin de los tiempos. Me es difícil contar con los dedos esa matemática. Así que, ¿por qué preocuparte por las notas de tu mejor amigo o por el auto que conduce tu vecino? ¿Por qué llevar contigo todas esas predicciones y proclamaciones negativas de los que dudan? Preocúpate de verte como te ve Dios. Seguro, tropezarás algunas veces en el camino. En ocasiones dejarás un pedazo de ti. Sin embargo, cuando vivimos con propósito, alegría y sin distracción, echaremos a la basura la pizarra de puntuación invisible que nos hemos visto tentados a obedecer. Si lo hacemos, las distracciones perderán su poder sobre nosotros, y cultivaremos una comunidad de amor que no sacudirá la cabeza cuando nos equivoquemos. Al contrario, nos recordará nuestro propósito y potencial.

6 PASE DE ACCESO TOTAL

Dios te dio todo el permiso que necesitas, así que no te distraigas buscándolo en los demás

Era un sábado por la mañana en Texas en los años de 1980, y una pareja se paseaba tranquila por una venta de objetos de segunda mano en un vecindario cercano. Les gustaba ver todas las cosas y los tesoros desechados. Mientras paseaban sin prisa por las mesas improvisadas, el esposo miró una guitarra *muy* usada escondida por un montón de ropa de poliéster. Pensó que a su hijo mayor le gustaría, logró negociar un precio de cinco dólares y se la llevó a casa. Al hijo mayor no le interesó y se la dio a su hermano menor, Ed, quien la tomó con cierta reverencia. Dentro de sí se encendió el fuego de un sueño.

Desde que puso sus dedos en el cuello de la guitarra, Ed soñó con ser un músico famoso. Trabajó y practicó por años y años. Tocó en bares y con muchas bandas solo para obtener experiencia. Pronto Ed fue muy bueno y comenzó a tocar en espectáculos y eventos mayores. Cuando tenía poco más de veinte años, ya deslumbraba a la audiencia con su guitarra eléctrica. Más o menos al mismo tiempo conoció a una cantante joven de música del oeste que comenzaba a montar su banda. Su nombre era Carrie Underwood. Ella invitó a Ed a formar parte de la banda, y por veinte años viajó por el mundo con Carrie y enterneció rostros con su guitarra y su corazón increíblemente bondadoso.

Ed me llamó para decirme que estarían en San Diego durante su próxima gira mundial y me preguntó si quería una entrada. «¡Claro que sí!», le dije de inmediato. El espectáculo estaba lleno y busqué en línea el costo de un billete. El más barato era más caro que una cena para cuatro, así que me alegré de que me ofreciera uno gratis. Las instrucciones que Ed me dio fueron simples: Ve a la taquilla, reclama el billete y encuentra tu asiento. ¿Cuán difícil podía ser?

Mientras me acercaba a la arena, la atmósfera era eléctrica. La gente hacía largas líneas para entrar; todos estaban de buen humor y emocionados por la diversión que les esperaba. Yo también estaba emocionado por la oportunidad de ver a mi amigo hacer lo que sabe hacer mejor y tenía una sonrisa en la cara mientras me acerqué a la taquilla para recoger el sobre con mi nombre escrito. Con mi billete en la mano, entré y comencé a buscar mi asiento en el área barata. Pensé que no tendrían billetes muy caros disponibles. Sin embargo, no me importaba. Yo estaba entusiasmado por solo estar ahí. *Será estupendo*, pensé mientras subía las interminables escaleras hacia mi asiento en las vigas del techo.

Al final de las escaleras, en el nivel superior, un hombre con una linterna me detuvo para inspeccionar el billete. «Este billete no es para esta sección», me dijo. «Tiene que bajar a la planta principal. Cuando llegue, busque a alguien que se parezca a mí y él le indicará hacia dónde ir». Me entusiasmé por este aumento en la categoría y pensé que Ed fue muy bondadoso al sentarme cerca del escenario. Bajé todavía más entusiasmado y saltando las escaleras hasta la planta principal.

Al llegar, otro acomodador me detuvo y miró el billete con cuidado. «Amigo, está en la sección incorrecta», me dijo sonriendo. Me pregunté si el hombre arriba se había equivocado y tenía que volver a subir todas esas escaleras. Si eso era así, me dije que mirara lo positivo y pensara que sería buen ejercicio. *Al menos lograría todos los pasos del día*. Sin embargo, en vez de apuntar hacia arriba, apuntó más hacia el escenario. «Este billete le lleva al área dentro del segundo escenario allí. Los chicos hoy en día lo llaman "pogo"».

«¿De veras?», dije con sorpresa. Me estaba apuntando a un escenario oval conectado por una pasarela al escenario principal. La gente ya llenaba el espacio adentro del óvalo dónde pronto vendría la banda para tocar algunas canciones. Las cosas me iban de maravilla. Fui de la sección del techo hasta el pogo. Entonces, de nuevo, no tenía idea de qué era un «pogo». ¿Qué es un pogo? Y si te cae encima, ¿cómo te lo quitas?

¿Quizá con un poco de vinagre blanco y dejarlo remojar toda la noche? Pensé que pronto me enteraría. «¡Hacia el pogo, pues!», dije mientras luchaba con la multitud para llegar al escenario. No puedo mentir, mientras me acercaba al pogo, me pareció bastante desordenado.

Algo así como la gente en una licuadora justo después que alguien girara el disco para *licuar* y accionara el interruptor. Una persona a la entrada me pidió ver el billete. Con cautela, se lo enseñé preguntándome si el otro hombre también se había equivocado. Si lograba entrar, sería uno de los pocos viejos en el pogo, y me estaba comenzando a entusiasmar la experiencia. Jesús, toma el timón, ¿no? El hombre miró el billete una vez, luego otra con su linterna. Entonces, buscó a otro guardia de seguridad cercano para que mirara el billete y verificara que era auténtico. Lo miró y se rio. «Amigo, este es un pase de acceso total. Puedes sentarte dónde quieras con esto». Me pregunté si sería demasiado regresar al autobús de Carrie y hacerme un sándwich.

Darme un billete fue muy bondadoso de todos en la banda. No solo me dieron acceso al edificio, sino que me permitieron ir a donde quisiera mientras estaba allí. La cosa es que no sabía que tenía tal permiso en mis manos. Hicieron falta tres fornidos guardias de seguridad para convencerme de que tenía mucho más acceso del que creía, imaginaba o entendía en realidad. Mis generosos anfitriones querían que tuviera la vista que yo quisiera. Si quería, podía observar desde lejos, pero también estaba invitado a participar de lleno. Donde único no podía ir esa noche era al centro del escenario.

Quizá sea esto lo que Dios quiere que sepas también. Él te ha dado acceso a ir a cualquier parte con tu vida y el mundo entero para hacerlo. El único lugar que ya está tomado es el centro del escenario, donde ya está Jesús.

Algunas veces, las personas hacen que la fe sea complicada, pero la invitación que Jesús nos hizo no lo es: Tenemos un pase de acceso total y todo lo que tenemos que hacer es presentarnos y reclamarlo. Usar el pase de acceso total requiere una buena dosis de osadía. Si quieres la libertad de ir a cualquier parte, necesitas cambiar tu forma de pensar. Ya nadie es el portero de nuestra vida ni de nuestra alegría. También debemos echar a un lado para siempre pedirles permiso a otros para vivir lo que Dios ya nos puso en el corazón y nos dijo que liberemos en el mundo. En resumen, ya nos invitaron a nuestras hermosas vidas, por lo que no tenemos que preguntarnos si de veras pertenecemos aquí o si tenemos derecho a estar.

Si estás listo para reclamar tu pase de acceso total, debo advertirte: Vivir con audacia puede hacer que otras personas se sientan un poco incómodas. He aquí la razón. La gente que sigue pidiendo permiso se pone nerviosa cuando ve este tipo de agencia y visión desenfrenada en movimiento. Cuando ve a alguien con suficiente osadía para echar abajo el muro fabricado entre la vida como es y la vida como puede ser, ven un infractor. Y quizá hasta deseen tener esa valentía. ¿Quién sabe? Así que, ¿será difícil vivir así a veces? Te lo aseguro. ¿Te rechazarán algunos o te desilusionarán las circunstancias y sorpresas por el camino? Claro que sí. ¿Te sentirás confundido en ocasiones cuando ves a dónde te lleva la aventura? Tenlo por seguro.

Puedes esperar un poco de confusión también, pues un pase de acceso total significa que no recibirás toda la información. Es probable que en algún momento tengas que borrar de la memoria todo lo que la gente cínica, mal informada y desilusionada ha traído a tu vida. ¿Te parecen conocidas estas frases? *No eres lo bastante inteligente. No eres lo bastante capaz. ¿Quién piensas que eres para actuar así? No tienes lo que hace falta. No vale la pena.* (Lee: *No tienes suficiente valor*). *¿Por qué corres ese riesgo tan loco? ¿No ves que vas a fracasar?*

Es posible que algunos de nosotros debamos preguntarnos por qué seguimos dirigiéndonos hacia la previsibilidad y la oscuridad de las vigas en lugar de acercarnos un poco más a la acción. Claro, podemos ir a lo seguro y caminar hacia lugares más lejanos. Las Escrituras dicen que hasta los discípulos miraron desde lejos a veces[1]. Si lo hacemos, podríamos tomarnos una selfi e incluso decir que estábamos en la arena en algún lugar. O podemos aceptar la invitación de Dios a tomar un camino mucho más previsible: el que está lleno de una pandilla ecléctica de personas que viven su fe en el pogo. Descifrar a dónde te llevará tu billete singular puede necesitar que te preguntes lo que quieres hacer con tu vida, y armarte de todo el valor y determinación que tengas para aceptar el permiso que Dios ya te puso en la mano. Lo cierto es que todos enfrentaremos barreras, y el mundo está lleno de chucherías, baratijas, detractores, presiones sistémicas, injusticias y sueños equivocados que pueden desviarnos del camino. Un pase de acceso total no es un código de trampa para una vida fácil; es la clave para una vida con propósito y más alegre.

Vesta Stoudt reclamó su billete y es ejemplo de una mujer llena de propósito. Trabajaba en una fábrica en Illinois durante la Segunda Guerra Mundial. Inspeccionaba cajas de municiones y notó una falla grande. Las cajas entonces estaban selladas con papel y una anilla, pero era de papel y se podía mojar y dejar que el agua entrara al envase. Esto arruinaba las municiones, así que los soldados metían las cajas en cera para mantenerlas seca. El problema es que la cera dificultaba el acceso a las municiones, lo cual era una inconveniencia, y buscar a tientas en una caja de municiones en medio de batallas intensas podía costarle la vida a alguien.

Vesta tenía dos hijos en el ejército, y sabía que muchas otras familias también. Ella quería que todos tuvieran lo que necesitaban para las batallas que peleaban. No solo se preocupó, se puso a trabajar. Se dio cuenta de que tenía permiso para crear e innovar, así que se lanzó a la inmensa tarea de tratar de solucionar el problema que veía. Dibujó diagramas e hizo muestras para arreglar las cajas de municiones. Cuando completó el trabajo, preparó una presentación para sus supervisores a fin de obtener su apoyo. Estaba convencida de que su invento de una cinta engomada podría salvar muchas vidas. Lo lamentable es que su jefe pensó que era una idea horrible. Estoy seguro de que era buena gente, solo que no entendió el concepto. ¿Para crear una cinta a prueba de agua? Lección número uno: No dejes que tu gran idea se marchite mientras esperas la aprobación.

Vesta no tomó el no como respuesta cuando su idea no fue bien recibida, y no iba a esperar la aprobación de alguien que no podía tener su visión. Ella sabía por qué hacía lo que hacía. Quería que sus hijos tuvieran lo que necesitaban y se negó a que la persona que tenía autoridad sobre su trabajo, pero no sobre su vida, la desviara del camino[2]. Esa es la osadía de la que hablo. Ella estaba decidida y llena de intención. ¿Puedes tú encontrar ese poder en tu vida? ¿Puedes darle la creatividad que Dios te dio a esta clase de licencia imparable?

En el mundo de los negocios es algo imperdonable ir por encima de la cabeza de tu jefe para hacer una petición, sobre todo cuando ya el jefe te cerró la puerta en la cara. Bueno, Vesta no solo fue al jefe de su jefe, fue al presidente de los Estados Unidos. Este es exactamente el tipo de salto del que estamos hablando. Le envió una carta al presidente Roosevelt junto con la idea y una muestra. Entonces, le pidió su aprobación para fabricar lo que había soñado para que los soldados pudieran librar sus batallas[3].

Me hubiera gustado estar allí cuando llegó la carta de la Junta de Producción de Guerra. Su idea se aprobó para su producción inmediata. Y algo más: La idea de Vesta Stoudt llevó a la invención de la cinta americana. No estoy bromeando. Una mujer que se negó a creer que necesitaba permiso para darle seguimiento a sus ideas y su imaginación. Y para verlo tuvo que hacer movidas con agallas. No le importó que otros no entendieran, no aprobaran o no vieran la necesitad de su idea. Ella no buscaba su aprobación; estaba enfocada en las posibilidades.

Hoy en día, los militares siguen utilizando la cinta americana para todo tipo de aplicaciones. Uno de sus nombres no oficiales es «la cinta de 160 km/h)», pues se ha usado para remendar parachoques de los Jeeps y hasta las palas de los rotores de los helicópteros. También lo usan para remendar botas desgastadas y correas en mochilas. Ningún cohete de la NASA ha dejado la tierra sin uno o dos rollos de cinta americana. Lo que sea, y la cinta americana lo hace. Como dice el refrán:

«Si no puedes remendarlo con cinta americana, necesitas más cinta americana».

El amor y la aceptación trabajan de forma muy similar en tu vida. Si no puedes arreglar la circunstancia en que estás con gozo y propósito, es probable que necesites más Jesús. Una vida sin distracciones, llena de amor, alegría, propósito y fe, podría ser la cinta americana que necesitas para mantener unidos tus sueños.

Déjame confirmarte lo que sospechabas desde hace mucho tiempo. Tienes permiso para buscar tus intereses y hermosas ideas. (A no ser que quieras asaltar las licorerías. En ese caso, entonces no tanto). Tienes permiso para profundizar en tus relaciones con Dios y con la gente fallida que Él creó. Tienes permiso para ser el doble de real de lo que has sido, y definitivamente tienes mi permiso expreso para inventar la próxima versión de piruletas de bizcocho y enviarme una caja o dos.

No te distraigas con la seguridad de lo conocido ni con los guiones y expectativas que todos los demás tienen para tu vida. Los amigos, los padres, los pastores y los cónyuges tienen buenas intenciones. En cambio, si quieres deslumbrar a Dios, deja de pensar que necesitas un billete diferente al que ya tienes. Deja de esperar a que alguien te diga que tienes permiso para ir tras tus ideas o tus hermosas y duraderas ambiciones. Ve y vive al máximo. El cielo se desvive esperando ver lo que harás cuando llegues cada día con tu pase de acceso total. Tu existencia, tu hermosa y breve vida, es el único billete que necesitas. Ya lo tienes en tu mano.

7

JESÚS EN LA HABITACIÓN

Dios ya nos ha dado los puntos de ruta para encontrar una vida con propósito

He navegado de ida y vuelta a Hawái por mar varias veces. Pienso volver a hacerlo pronto, aunque de veras no sé por qué lo sigo haciendo. Me paso la mayor parte del tiempo vomitando por la borda en alta mar. Cada vez que lo hago pierdo unos nueve kilos. Es como un programa de pérdida de peso asqueroso donde comes la comida una vez y la ves dos veces. El viaje a Hawái desde San Diego es de más de cuatro mil kilómetros, a una palmera más o menos, que es un largo camino por donde se le mire. Si ves tu vida como un viaje desde California a la Isla Grande, te puedes imaginar cómo es imposible hacerlo en línea recta y sin algunas aguas bravas por el camino. Tampoco saldrías de San Diego sin un plan de navegación y algunos indicadores de que vas en la dirección adecuada.

Cuando se realiza un viaje largo, los tramos más cortos se dividen en puntos de ruta. Tener puntos de ruta a lo largo de un viaje te ayuda a trazar tu progreso hacia un objetivo de mayor alcance. Cuando estás cerca de tierra, un punto de ruta puede ser algo así como un faro, una parte distintiva de la costa o la cima de una montaña. Los puntos de ruta en mar abierto son un poco más difíciles de encontrar y no son tan confiables. No puedes llegar a Hawái girando a la izquierda en la primera aleta de delfín o alga marina que pases. Por eso los marineros utilizan puntos de latitud y longitud para marcar una posición y trazar su camino hacia allí. También usan estos puntos para comunicarles a otros su posición. Los puntos de ruta son cruciales, pues es fácil ir a la deriva o sentirse adormecido por la vasta nada de la superficie del océano. Necesitas algo firme y permanente hacia dónde dirigirte si quieres completar el viaje.

Piensa en los puntos de ruta de tu vida como una serie de todas las cosas a las que has estado apuntando, por cualquiera que sea al número de días que lleves aquí. Quizá sean cosas como empleos, relaciones o artículos que has acumulado. Ahora bien, piensa en todo lo que quieres lograr durante los días que te quedan. No tener distracciones significa mantener el curso con las cosas que te sobrevivirán. Es una larga jornada, y el truco es encontrar los puntos de ruta importantes y que estén más juntos entre sí que los que has tenido hasta ahora.

Para estar seguros, querer «vivir la buena vida» es una maravillosa ambición y digna de buscar, pero lograrlo puede ser una distancia larga entre donde estás ahora y el lugar en el que quieres estar cuando cruces la línea de comienzo del cielo. Aquí tienes mi sugerencia: Divídelo un poco. Ten una conversación contigo mismo y quizá con algunos amigos de confianza sobre lo que constituye una vida buena, con propósito y llena de alegría. Céntrate en algunas de esas cosas e intenta hacer uno o dos movimientos en su dirección cada día. Repite la práctica por cincuenta años, y te prometo que habrás vivido «una buena vida». No será la buena suerte, ni un boleto de lotería, ni una buena mano de naipes, sino un enfoque por hora, sin distracciones y varios buenos hábitos diarios los que te llevarán allí. Quizá por eso Dios les diera a los israelitas suficiente provisión para un día, y por qué Jesús les enseñó a sus amigos a orar por el pan de *cada día*, y no por el suministro total de la vida de un viaje[1].

¿Sabías que puedes ir a la deriva hasta Hawái, o al menos intentarlo, si tienes una embarcación que no se hunda? No recomiendo hacer esto para unas vacaciones ni como una forma de vivir tu vida, pero si decides ir a la deriva a las islas, hay una corriente justo al lado de Cabo San Lucas, México, que te llevará al oeste a veinticinco centímetros por minuto. Esto es bastante rápido cuando te mueves de un lado al otro del sofá, pero si estás cruzando el océano, te defraudará. Te llevará meses, y aun así pasarás por las islas a cientos de kilómetros al sur. No verás siquiera un volcán ni un cocotero al pasar.

A esto quiero llegar. Es probable que un andar lento a la deriva en una dirección general no te lleve al lugar que quieres ir, ni te llevará a ninguna parte con rapidez.

Las distracciones no son aguas revueltas. Son corrientes de movimiento lento que te alejarán siempre de tus ambiciones, relaciones y alegría.

No importa la edad que tengas. Ahora es el momento perfecto para profundizar y tener claro lo que de veras buscas si quieres tener alguna esperanza de acercarte a él. Solo decirte a ti mismo en términos generales que vas a «dirigirte al oeste» tampoco dará resultado. El oeste es grande, y sus versiones incluyen todo excepto lo que está en el este. En su lugar, navega hacia algo un poco más preciso y digno del viaje si quieres llegar a un destino con significado. Comienza nombrando las cosas en tu vida que tienen propósito e irán contigo hasta el final; cosas como la fe, la esperanza y el amor[2]. Estas son las cosas que Jesús dijo que perdurarán más que todo lo demás. Una vez que las identificas, no te detengas; ocúpate de apuntar hacia ellas.

Mi mayor esperanza para nosotros es que decidamos zarpar en lugar de esperar el momento adecuado para soltar las amarras del muelle. Así que pongamos un rumbo con propósito hacia adelante con el viento a favor y alegría en el corazón, y no nos conformemos con navegar a la deriva. Ten esto en cuenta: Solo los peces muertos se dejan llevar por la corriente. No seas uno de ellos. La gente que logra mucho en la vida está llena de alegría y ambiciones duraderas; eligen una dirección, luego actúan y dan los pasos necesarios para mantener el rumbo. Sé una de esas personas, y encontrarás tu alegría una vez más.

Sin embargo, no basta con zarpar. No te distraigas con el falso positivo de la productividad vacía. La actividad puede engañarte haciéndote creer que estás progresando cuando no es así, y el mantenerte ocupado puede parecer intencionado cuando en realidad es un montón de energía nerviosa y desenfrenada. ¿Por qué no decides ahora mismo cambiar toda la actividad frenética con la que te has estado medicando? Cámbiala por un destino digno, claridad de dirección, confianza en el permiso que ya tienes, determinación de mantener el rumbo y alegría por el viaje. Ten la seguridad de que más de unas cuantas cosas imprevistas sucederán en el camino, así que es fundamental saber por qué haces lo que haces.

Tengo un amigo que hizo el viaje de Hawái a Seattle unos años antes de que yo zarpara por primera vez, así que le pedí algunos consejos. Me dijo que todos los preparativos son necesarios, como es de suponer, pero también lo es tener la cabeza fría y una lista de control que puedas elaborar con confianza para no olvidarte de algo importante.

¿Alguna vez te has quedado dormido sin escuchar el despertador la mañana que tenías que tomar un vuelo? Terminas metiendo un montón de cosas en una bolsa y esperando tenerlo todo antes de salir corriendo por la puerta. Esto le puede pasar a cualquiera. La salida de mi amigo del puerto Ala Wai en Oahu fue un poco así. Estaba increíblemente apurado, y su último acto frenético fue rellenar los tanques de gasolina y de agua del barco antes de comenzar su travesía por el océano. Esto era algo perfecto para un viaje tan largo. Sin embargo, a los pocos días de estar en el mar, sacaron un poco de agua del tanque de almacenamiento, y sabía bastante mal. Con las prisas, mi amigo rellenó por accidente el depósito de agua con gasóleo y el de gasóleo con agua.

El simple y precipitado error de mi amigo tuvo al final grandes consecuencias en el mundo real. Debido a que había gasóleo en el agua, no podían beberla en realidad. Como resultado comieron mucho melocotón enlatado. Esto tuvo resultados previsibles, y terminaron muy ocupados bajo la cubierta. Esto fue un gran problema, pero no el único. Debido a que había agua en el gasóleo, el motor se detuvo. Debido a que el motor se detuvo, las baterías no pudieron cargarse y se agotaron al final. Debido a que no había baterías, no tenían forma de pedir ayuda por radio y perdieron el equipo electrónico de navegación necesario para verificar sus puntos de ruta. Su única opción era dirigirse en una dirección general y navegar lo mejor que pudieran en esas circunstancias.

Sobrevivieron al viaje, pero perdieron su destino por cientos de kilómetros. No permitas que la distracción ponga en marcha este tipo de efecto cascada de consecuencias indeseadas para tu vida.

* * *

Hay otra forma de ir a la deriva que tiene menos que ver con nuestras decisiones y más con nuestras relaciones y nuestra fe. Tengo unos cuantos amigos que son músicos de talla mundial y actúan en grandes escenarios. Cada vez que están en mi ciudad, o nos cruzamos en uno de mis viajes, trato de ir a sus espectáculos. Me encanta ver a la gente brillar con sus talentos, y la música en vivo es una manera divertida de experimentarlo. Así que cuando un amigo me invitó a su espectáculo, fue un sí fácil, y llegué temprano para pasar algún tiempo con él antes de la función.

Esa noche en particular, más de mil personas esperaron con entusiasmo en el local para que comenzara el concierto. Detrás del escenario, algunos miembros de la banda estaban en la misma habitación donde mi amigo y yo nos reíamos acerca de algunas de las aventuras que tuvimos juntos a través de los años. Habíamos hecho bastantes travesuras y teníamos mucho de qué hablar. Al cabo de unos minutos miré a mi derecha y me fijé en un hombre sentado solo al final de la mesa. Estaba sentado con las manos cruzadas en el regazo y tenía una sonrisa pacífica en el rostro mientras miraba en nuestra dirección. Pensé que era amigo de alguno de los músicos, pues todos parecían conocerle.

A veces la gente trata de entrar en las conversaciones, pero el hombre al final de la mesa solo se quedó ahí sentado, sonriendo. También tenía los ojos azules más penetrantes que jamás había visto. Como los ojos de la dulce María no son azules, me siento bien diciéndolo. En un momento nuestras miradas se encontraron por accidente, y parecía como si estuviera mirando directamente a mi alma. Fue algo cautivante e incómodo, y me hice una nota mental de buscar información sobre los lentes de contacto de colores si alguna vez quería tener ese efecto en la gente.

Al final, la banda necesitaba subir al escenario y nos despedimos. Alguien nos acompañó a mí y al hombre de los ojos azules por un pasillo y nos mostró cómo podíamos entrar al lugar a través de una puerta lateral. Tratamos de ser discretos al tomar asiento, y a nadie le importó cuando entré. Sin embargo, cuando la gente vio al hombre con quien entré, empezaron a tocarse unos a otros y a señalar en su dirección. Me sentí un poco avergonzado por estar tan desactualizado, pero traté de disimular. Me hundí en mi asiento lo más rápido posible.

No lo supe hasta que mi vecino de asiento me dijo que el hombre de los ojos azules era Jim Caviezel, el actor más conocido por su papel del Mesías en la película: *La pasión de Cristo*. Me reí de mí mismo cuando me di cuenta de que había estado en la misma habitación con Jesús por casi una hora y no lo sabía. Quizá te puedas identificar.

Aunque se trata de una bonita historia, es probable que ya sepas a dónde quiero llegar. ¿Cuántas veces no nos hemos dado cuenta de que Jesús está con nosotros en la habitación? Vivimos sin darnos cuenta, a la deriva por nuestro propio camino hacia Dios, y no vemos que Él ya está presente, a nuestro lado, y que ha estado ahí por largo rato. La distracción nos roba la conciencia, y vivir así nos roba la alegría. Por supuesto que a Jesús esto no le sorprende; Él sabía que nos sucedería, pues lo vio en la gente a su alrededor. Algunos de sus amigos sabían quién era Él, pero cuando se les preguntaba, fingían que no lo sabían. Esto no engañó a nadie, ni siquiera al gallo que estaba cerca. Otros pasaron junto a Jesús en la calle sin saber que era Él[3].

Piensa por un momento. Este patrón comenzó cuando Jesús era joven y estaba rodeado por los religiosos en una sinagoga. «¿Quién es este niño? ¿Por qué habla con tanta autoridad?», se preguntaban[4]. Después, sucedió de nuevo en una boda donde estaba rodeado por amistades y familiares que le pidieron que resolviera un problema que no había creado[5]. Sucedió en una cruz, entre dos criminales, y volvió a ocurrir junto a una tumba vacía cuando María lo confundió con un jardinero.

Incluso, sus amigos más cercanos no lo reconocieron al día siguiente en la orilla, o un poco más tarde en el camino a Emaús[6].

Jesús no quería ser un misterio. No trató de ocultar su identidad entonces, y sigue sin hacerlo. Apuesto a que Él sabe que esos de nosotros que estamos distraídos, asustados, confundidos u obsesionados con otra cosa, no lo notaremos en la habitación. La gente como tú y como yo todavía nos lo perdemos todo el tiempo. Sin embargo, Él prometió que los que le buscan de veras lo encontrarán; los que claman a Él recibirán lo que necesitan en realidad, y encontrarán alegría y propósito en sus vidas.

Jesús nos dejó algunos puntos de ruta muy claros para llegar a Él. Encontrar a Jesús no es como seguir una serie de pistas ocultas de *geocaching*; en cambio, Él nos coloca un alfiler en un mapa con su ubicación exacta. Nos dijo que donde haya gente hambrienta o sedienta, Él estaría allí. En cualquier lugar dondequiera que haya alguien enfermo, abandonado, desnudo o en la cárcel. No nos pidió que le hiciéramos un favor al acercarnos a la gente en apuros; nos prometió que lo *encontraríamos* cuando tratáramos de satisfacer sus necesidades. Dijo que estaría presente con las viudas y los huérfanos. Dondequiera que dos o más de su pueblo se reúnan en su nombre, Él dijo que estaría en esa habitación también[7].

Es probable que el problema para ti sea el mismo que yo tengo siempre. Estamos tan distraídos por lo que pasa a nuestro *alrededor* que no nos damos cuenta de lo que Dios puede hacer *dentro* de nosotros. El remedio es fácil y difícil a la vez. Necesitamos conectar los puntos desde lo que hemos oído *acerca* de nuestra fe hasta lo que hacemos *con* nuestra fe. Esta confusión no viene necesariamente de un lugar malo, y yo mismo los mezclo todo el tiempo. He aquí la razón. En algún momento, tal vez nos distrajéramos con todo lo que compite por nuestra atención.

Necesitamos realinearnos, refinarnos y reconectarnos con los propósitos mayores para nuestra vida en vez de distraernos por los menores. Necesitamos virar la cabeza para buscar las oportunidades que tenemos delante en vez de obsesionarnos con las que quedaron atrás. Sabes que la estrategia resulta cuando comienzas a notar las necesidades de los que te rodean y usar el margen en tu vida para tomar un par de ellas. Deja de hacer de esto un ejercicio académico; hazlo algo personal. No es cosa de compilar más información ni de idear nuevos programas para tu comunidad de fe; es cosa de desarrollar mayor conciencia de lo que ya está pasando a nuestro alrededor y estar presentes con una montaña de gozo y anticipación.

* * *

La persona promedio vive unos 27 375 días[8]. Menos si comes caramelos masticables, y algunos más si comes brócoli. La forma en que pasamos nuestros días puede tener increíbles ramificaciones para bien o para mal en el mundo. No gastemos un número absurdo de ellos en distracciones que nos roban la alegría.

Para algunas personas, veintisiete mil días parece un número grande, pero un número pequeño para gente como yo que cargamos veintitrés mil a las espaldas. No sé dónde caes tú en esa línea de tiempo, pero aquí tienes algo que quiero que consideres. ¿Cuánto valoras y estimas tu tiempo en realidad? ¿Ves cada día como una contribución preciosa para tu futuro, o solo te contentas con deambular sin rumbo por tus semanas? ¿Te conformas con intentar no hacer tambalear el barco, cosa que ocurre cuando nos arriesgamos, o estás dispuesto a construir los lados del barco un poco más altos para que el agua no te inunde cuando lo hagas? ¿Tienes un destino claro y puntos de ruta establecidos? Si no, este es tu momento. Es demasiado fácil caer en la trampa del aplazamiento al sustituir la intención y el enfoque por la distracción y la apatía. Recuerda esto: En nuestra vida, nos convertiremos en lo que hacemos con nuestro amor.

¿Cuántos días te quedan? Saca la cuenta. ¿Quién decidirás ser, y qué decidirás hacer con el tiempo que te queda? Podemos pasar los días que nos quedan centrados en lo significativo, lo hermoso, lo alegre y lo útil, o podemos ir a la deriva sin rumbo fijo y desperdiciar nuestra única vida indómita y preciosa. Uno de los dones más sorprendentes de Dios es que la decisión es nuestra. Podemos esforzarnos ahora mismo y derramar toda nuestra energía sobre las cosas que importan.

He aquí más buenas noticias: Hay una manera segura de aclarar todo esto. Encuentra a Jesús dondequiera que estés. Úsalo como punto de partida y de llegada, y luego busca los puntos de ruta intermedios en los que puedas confiar. Deja de pasarte los días esperando que Dios llegue; Él ya está en la habitación. Puedes dejar de decirte que estás esperando en Él, pues es probable que Él esté esperando por ti.

8 SIN ACECHOS, POR FAVOR

Si aprendemos la verdad sin actuar en consecuencia, convertimos al Salvador en un simple maestro

He escrito algunos libros que la gente ha leído y (espero) disfrutado. Me ha encantado tener la oportunidad de escribir algunas historias y escuchar cómo ayudan a las personas. También tomo pequeños fragmentos de mis ideas y las publico en las redes sociales. Para mí es como una conversación comunitaria en la que yo pongo la idea inicial y me deleito viendo cómo los demás la convierten en algo mejor. En realidad, todo esto ha sido maravilloso en su mayor parte.

Mi dulce María y yo llevamos una vida bastante tranquila, a pesar de lo mucho que agito los brazos y me emociono. Así que se volvió de veras espeluznante cuando la gente calculó mi dirección a partir de la descripción de mi casa en mis libros. Una mañana me levanté temprano y bajé para poner a hacer el café. Allí vi a un hombre sentado del otro lado de la ventana en el portal de atrás. Abrí la puerta y dije: «Hola, ¿quién es usted?». Siempre se puede detectar a un acechador, pues lo primero que dicen es: «No soy un acechador». *Todo prueba lo contrario*, pensé. Otra vez llegué a casa del aeropuerto, me puse mi camisa azul favorita con pantalones de ejercicios, y entré en la sala donde la dulce María estaba leyendo. Al acercarme a la ventana, sonó el teléfono y del otro lado una mujer dijo: «Esa camisa azul es muy bonita». Con una expresión así, no podía ser Betty White que me llamaba, y tampoco se parecía a un asesino en serie. No respondí, solo cerré las cortinas y, nervioso, colgué el teléfono. Ella estaba de pie en el patio mirando por la ventana.

Esto me pasa cuando viajo también. Una vez volvía a mi casa en San Diego en un vuelo de noche. Ya había cruzado el país varias veces esa semana, y mi regla personal es siempre tratar de volver a la dulce María en la noche, cada vez que puedo. Cuando mi agenda está llena, puedo ir a Atlanta y volver en un día, y alguna variación parecida cuatro días a la semana. Tengo *muchos* kilómetros acumulados. Y en este vuelo en particular, después de una semana larga, me había acomodado en mi asiento y cerrado los ojos. Tan pronto como suspiré profundamente, sentí algo en mi regazo. *Quizá mi compañero de fila ha puesto su maleta en mi regazo antes de levantarla al compartimiento de arriba.* Sabía que era extraño, pero decidí dejarlo pasar y tratar de proyectar una calma serena y desinteresada. En realidad, lo que quería proyectar era: *Estoy durmiendo, por favor, quite su maleta de mis piernas.* Entonces, escuché el sonido de un teclado como si alguien escribiera en una computadora.

Pues bien, cuando abrí los ojos, vi que un hombre había puesto su computadora portátil en mi regazo. Irónico, supongo. De todos modos, dijo que me reconoció de una charla que di en su iglesia. Como es obvio, le gustaron mis libros y pensó que no me importaría que llamara a su novia por FaceTime para que se uniera a este evento particular que tenía en mi asiento. Yo era su invitado especial, excepto que nunca me invitaron ni yo acepté la invitación.

Un consejo profesional: No hagas eso.

Muy bien, la última. Recibí un mensaje en Twitter de un hombre de Texas que se enteró de que pasaría por Dallas en dos semanas. Quería que nos viéramos. Le agradecí la invitación, pero le dije que iba a aterrizar en el Aeropuerto Dallas Love, por lo que no podría ir. No volví a saber nada más de él.

Dos semanas más tarde, estaba de camino a Dallas. Resulta que mi amigo John, a quien no había visto en años, también estaría en Dallas. Estaba en medio de un viaje a través del país que comenzó en su ciudad cerca de Washington D.C. Para poder ver a mi amigo, le pregunté si me podía llevar hasta mi hotel una vez que aterrizara. Nuestros horarios se alinearon a la perfección, y me dijo que me recogería a las diez en un Suburban.

Todo marchaba como un reloj suizo. Bajé del avión, busqué mi equipaje y salí de la terminal a las diez de la noche. A las diez y un minuto, John vino en su Suburban y me llamó:

—¡Bob!

Crucé las líneas de tráfico y miré por la ventanilla del pasajero. A decir verdad, John no se parecía a lo que yo recordaba, pero habían pasado algunos años y pensé que había cambiado su dieta o algo así. No obstante, tampoco soy tonto, de modo que le hice una pregunta para investigar.

—¿Cómo fue el viaje desde D.C.?

—Facilísimo —dijo sin vacilar—. Solo un par de días.

Entré y comenzamos a conducir. Estábamos a unos ocho kilómetros del aeropuerto cuando recibí un mensaje de texto en el teléfono. Decía: «Bob, estoy en el aeropuerto. ¿Dónde estás?». Lo leí dos veces mientras me daba cuenta de que no me encontraba en el auto con John. Me volví al hombre en el volante y con ojos de platillo volador dije tartamudeando:

—Usted no es John, ¿verdad?

Traté de parecer confiado, pero creo que mi voz se quebró un poco.

—No, no lo soy —dijo despacio, los ojos tenían un brillo raro.

¡Ayayay!

Entonces, recordé la breve conversación por Twitter dos semanas atrás. ¡Este era el tipo de Twitter! ¡Y tenía un Suburban! ¿Cuáles son las probabilidades?

—Yo fui quien le pasé el mensaje —dijo mientras yo buscaba la manilla de la puerta, y me preguntaba si íbamos a demasiada velocidad como para poder tirarme hacia el pavimento.

—Claro que sí —fue todo lo que pude decir a través de una sonrisa fingida.

Hice que se hiciera a un lado para poder esperar a mi amigo.

—¿Cuál es el cuento con decir que condujo hasta aquí desde D. C.? —le pregunté al salir.

—Me mudé aquí de D. C. hace tres años —me respondió sorprendido.

Esto era demasiado extraño, y pude aprender más de él. Escucha esto. Era un músico graduado de Juilliard que quería enseñarles música a nuestros estudiantes de la Región Norte de Uganda. Decidió que quería conocerme primero, así que fue al aeropuerto y comenzó a dar vueltas esperando que yo saliera. No era su intención ser extraño; solo que *era* extraño. Quizá había pasado demasiado tiempo solo con sus partituras en una habitación oscura y sin ventanas. ¿Quién sabe?

* * *

Todos los que he descrito aquí me han distraído de alguna manera. No fue su intención, pero lo hicieron. Quizá no tengas a alguien acechándote fuera de la ventana de la sala, pero me apuesto que tienes gente en tu vida que piensa que tienen derecho a tu tiempo, energía, ideas, resultado, aporte y todo lo demás en el medio. Te llaman por teléfono, te envían mensajes de texto, de voz, TikTok y te contactan por los DM, o mensajes directos, hasta que obtienen una respuesta. Creen que su persistencia es una virtud, cuando lo que hacen es molestarte en realidad y no «marcar el espacio». Miran tu vida a través del lente de sus necesidades, y no las tuyas. Supongo que, hasta cierto punto, todos lo hacemos. Si gente así se ha convertido en una distracción para ti, o te están quitando el gozo, tienes mi permiso para no volverlos a llamar. No contestes el correo. Puede parecer raro y un poco grosero, pero no es así. Estás estableciendo límites. Te estás recordando que un hilo largo de distracciones se puede convertir en una vida de visiones incompletas. Recuerda lo que dijo Salomón: «Por sobre todas las cosas cuida tu corazón, porque de él mana la vida»[1]. Buscarán la forma de conectarse con otro que esté disponible para ellos.

Si crees que estás recibiendo demasiadas llamadas no solicitadas a tu puerta, es posible que tengas que considerar el tipo de señales que das y los límites que eriges (o no, según el caso). Debes hacer esto con cuidado, pues establecer límites no es una propuesta de todo o nada. Míralo de esta manera. Los límites son buenos; las barreras no. Si construyes un muro, asegúrate de instalar una o dos puertas. Si quieres un foso, no te olvides del puente levadizo. ¿Por qué? Porque si niegas *todo* el acceso, aun cuando es inconveniente y no bien recibido, te encontrarás más que solo. Te verás aislado. A veces necesitas puntos de aporte espontáneos y reuniones accidentales para encontrar el destino y la providencia que hacen que tu hermosa vida salga a la luz.

¿Eres pastor de una iglesia grande y, sin embargo, te ves separado de todos? ¿Cómo es posible? No es necesario injertar la cultura de los negocios y las celebridades a nuestras comunidades de fe, pero puedes ir a la puerta delantera y regalar caramelos masticables. Aunque el sermón sea horrible, la gente sentirá el amor de Dios expresado en estos actos intencionales de bondad y disponibilidad. Dale a la gente una manera de entrar o búscate otro trabajo. Sé que tu tiempo es importante, pero trata de ser maravillosamente ineficiente en tu forma de amar a los que te rodean. Si escribiste una canción o un libro, o estás en una o dos películas, no dejes de estar disponible para las personas. Encuentra la forma adecuada de permitir que unas pocas personas crucen el foso, salvaguardando al mismo tiempo la cantidad de privacidad que tu corazón, no tu ego, dice que necesitas. No dejes que tu estatus de estrella de rock se convierta en una distracción para ti o para los que te admiran. Solo estás a un acto generoso de disponibilidad de ser una mejor persona.

* * *

Creo que este equilibrio es en gran medida importante en nuestras relaciones. También necesitamos equilibrio en nuestra relación con Jesús.

¿Has estado acechando a Jesús? ¿Has memorizado versículos y aprendido el lugar donde se encuentra cada historia bíblica? ¿Conoces todos los nombres bíblicos y sus genealogías? ¿Puedes recitar lo que Jesús le dijo a la multitud y luego caminar con un extraño por el «Camino romano»? ¿Llevas tanto tiempo en la iglesia que te has olvidado de comunicarte con el hombre de la tienda de neumáticos que solo iría si pierde una apuesta?

Acechar a Jesús es muy parecido al conocimiento sin una porción igual de acción. (Quizá estés pensando en el libro de Santiago). En algún momento en mi vida de fe me di cuenta de que *sabía* muchas cosas acerca de Jesús, pero no había *hecho* nada con Jesús. Era como un profesor que impartía la clase, pero que no la practicaba. Me sabía los versículos de los pobres, las viudas y los huérfanos. Sin embargo, nunca había hecho nada para ser como Jesús para ellos. Creo que puedes decir que donar dinero o diezmar me acercaba algo. Aun así, no veo en la Biblia donde estemos exentos de involucrarnos en estas necesidades debido a que hemos echado un poco de dinero en dirección a los pobres. No me malinterpretes, necesitamos ser mayordomos de nuestros recursos poniendo el dinero en las cosas importantes para Dios. Sin embargo, dinero no es igual que servir; si se hacen bien, cada uno es un acto de adoración que transformará tu corazón de diferentes maneras. Lo que quiero decir es que necesitamos los dos. Necesitamos pasar más tiempo haciendo lo que Jesús nos ordenó que solo hablar acerca de esto. En otras palabras, tenemos que dejar de acechar a Jesús.

A veces, la gente me pregunta: «¿Dónde empiezo?». Esta es mi respuesta: No importa. Aquí, allá, en la otra calle, debajo del puente, en Singapur, en patines de hielo o en un globo aerostático. La gente que vive con propósito y alegría de manera indómita, hace primero y pregunta después. Saben que construir un plan maestro puede ser una simple distracción disfrazada. Se dan cuenta de que cuando terminan de dibujar el plan y levantar los fondos, pudieron haber comenzado el proyecto.

Si necesitas un empuje para empezar, quizá el primer paso sea encontrar eso en lo que más confías y ponerle ruedas. Si eres seguidor de Jesús, en lo que confíes podría ser lo que encuentres en los libros y cartas compilados en la Biblia, palabras que te darán más que una vida de ideas sobre cómo vivir una vida más gozosa y con propósito. Si la fe no es lo tuyo, busca otra cosa en la que puedas confiar. ¿Quién sabe? Quizá la respuesta llegue más tarde. Yo tengo una costumbre cada mañana. Después de hacer el café, tengo un tiempo de enfoque y reflexión. Algunas comunidades de fe lo llaman «momento de quietud». La verdad es que en veinte años no he tenido un momento de quietud, al menos no como piensa la gente. Hago algo parecido, pero en realidad es un tiempo bastante ruidoso para mí. Aprovecho el tiempo para alinear las cosas que creo que son ciertas y luego busco en la Biblia para ver si cuadran con lo que dicen las Escrituras. Para mí es un tiempo de estar solo y disfrutar de Dios, no una cita a la que me siento obligado a acudir.

Por años lavé el auto de la dulce María en la mañana. Esta práctica me ayudaba a aclarar las distracciones de mi vida ocupada. Era parte de mi momento de quietud. Pensaba y reflexionaba sobre lo que Jesús dijo y buscaba qué hacer con los mandatos más difíciles, como amar a mis enemigos y ayudar a los necesitados. Descartaba la idea de solo estar de acuerdo con Él. Si había algo en lo que de verdad debía enfocarme, me quedaba en el patio más tiempo y lavaba los neumáticos y las llantas. Y como pasaba tantas horas con Jesús en la mañana, el auto de la dulce María siempre estaba reluciente. Busca algo que te dé resultado. Cuando deje de hacerlo, busca algo nuevo. Si necesitas un proyecto, pondré mi auto en el bordillo.

Creo que hay personas en nuestras comunidades de fe que tienen momentos de quietud debido a que alguien les dijo que debían tenerlo. Y si no hacen el tiempo, se sienten culpables. Dios no menciona el momento de quietud en la Biblia y, a decir verdad, no le importa si lo tenemos o no. Lo que pienso que quiere es que siempre pasemos tiempo sin distracción con Él. Si para ti la mañana es tu tiempo de leer y reflexionar, fantástico. Si no, busca otra hora. No importa cuándo sea, hazlo tan ruidoso o tan calmado como necesites que sea para impulsarte hacia adelante. Si las tradiciones, estructuras, prácticas que tu comunidad de fe determinó no te ayudan a rodear tu vida de Jesús, bórralas y busca algo mejor para ti. Yo no quiero que alguien pase tiempo conmigo porque se sentirían culpables si no lo hacen. No creo que Dios lo quiera tampoco. Apuesto que preferiría estar con nosotros en una noria, montando patines o tocando el violonchelo que sentado con Él como si estuviéramos castigados.

Como parte de mis reflexiones diarias, escribo mis pensamientos una oración a la vez y luego me los envío por correo electrónico. Recibo más de cien correos electrónicos al día de este tipo llamado Bob. Estoy pensando en bloquearlo. A la mañana siguiente, reviso estos pensamientos para ver si parecen buenos o si son ciertos. Haz este tipo de ordenación y reordenación en tu vida con tanta frecuencia como te sea posible. Te comprenderás mejor y comprenderás mejor tu fe. Yo me he enviado cosas bellas que me señalan hacia las verdades de la Escritura. Algunos se convierten en mis publicaciones en las redes sociales. Otras cosas que escribo parecen buenas, pero no se ajustan a las Escrituras y nunca verás que las repito.

El motivo por el que leo las Escrituras en la mañana es porque espero tener un poco más de verdad para ayudarme a combatir las distracciones en mi vida. Nunca sé lo que me traerá el día. Nadie lo sabe. Mi tiempo en la mañana me ayuda a enmarcar el día por adelantado con verdad, perspectiva y amor. Es como poner perchas vacías en el clóset para que cuando la vida me mande circunstancias inesperadas, tenga donde colgarlas. Prefiero poder mirarlas bien después que dejarlas apiladas en el piso.

Es curioso cómo podemos descubrir a un acechador con facilidad. Tienen algo que nos enciende el radar. Esta es la cosa. Quizá Dios nos ve de la misma manera y dice: «El pájaro tirándole a la escopeta». Él nos invita a ir en una aventura mientras que nosotros estamos satisfechos sentados en la biblioteca. Nos demuestra cómo le da acceso total a alguien tan falible como yo y le pide que lo imite en el mundo que me rodea. Nunca amaremos a la perfección, pero podemos tratar de hacerlo de manera exhaustiva, persistente y con honor. Si estás dispuesto a vivir en la tensión de establecer límites saludables para proteger tu alegría y propósito mientras dejas entrar a alguna gente, déjame darte algunas sugerencias de cosas que he aprendido de las historias que te he contado.

Primero, escuchar tu nombre no siempre significa que Dios te envió a alguien. Algunas personas solo son distracciones para ti. No me extraña que el hombre de Twitter me llamara por nombre, pero no era alguien que yo quería ver. A veces confundimos las conversaciones al azar con citas divinas, y los designios divinos con sugerencias dudosas. Jesús dijo que las ovejas conocen la voz del Pastor. Mientras más experiencias tengamos y mientras más entendamos lo que dicen las Escrituras, con más facilidad distinguimos la voz de Jesús de la voz de un tipo en un Suburban.

Segundo, solo porque tengamos la oportunidad de hacer algo no significa que es lo que Dios tiene en mente para nosotros. Todo el mundo quiere hacer lo que Dios quiere que haga. No he conocido mucha gente que no esté de acuerdo. El problema viene cuando la gente describe el «plan» de Dios como un mapa secreto en el bolsillo de Él que no nos deja ver, o toman un evento casual como una rama que se cae como señal del cielo, que en cierto sentido lo es. ¿Se puede comunicar Él así? Por supuesto. Puede golpearte con el árbol completo si quiere tu atención. Sin embargo, también puede escribirlo y dártelo en la mano, lo cual ya hizo, si estás dispuesto a dedicar el tiempo para leer lo que ya escribió en sus cartas de amor para nosotros.

Tercero, cualquiera que está a tu puerta y te llama no necesariamente es Jesús. Mucha gente te dirá que piensa que Dios le dijo que te dijera algo. Supongo que está bien, pero la mejor forma de saber si es Jesús el que te habla es leyendo lo que ya dijo. Por lo general, los mandamientos de Dios no son confusos. Lo cierto es que solo tenemos que decidir entre dos cosas. Primero, ¿cómo me aplica esto que me dijo Dios? Y segundo, ¿estoy dispuesto a hacerlo?

El acecho es una distracción bastante obvia y mata el gozo. Ten cuidado al discernir acerca de a quién dejas entrar y le das parte de ti mismo. Acechar a Jesús es más difícil de discernir, pues *parece* que estamos haciendo lo que debemos, cuando en realidad no hacemos nada. No dejes que los acechadores te distraigan mientras ordenan su propia vida, y no dejes de ordenar la tuya y de tener una verdadera relación con Jesús.

9

LAS HADAS DE LOS DIENTES Y LOS AVIONES QUE SE ENCOGEN

La duda es una poderosa invitación cuando confías en que Dios es lo suficientemente grande como para permitir tu incredulidad

Hace años hubo un episodio del programa *This American Life* de la cadena NPR que me llamó la atención[1]. Estaba dedicado a los malentendidos de la infancia que se convierten en creencias. Déjame darte un par de ejemplos del programa.

Había una niña de unos cuatro años en el aeropuerto. Había visto antes aviones desde abajo, pero este era su primer vuelo. Una vez en el aire, la niña miró a la persona a su lado y le preguntó: «¿Cuándo nos haremos pequeñitos?». En su mente, desde su perspectiva en la tierra, siempre veía los aviones como juguetes pequeños. En realidad, fue valiente de su parte entrar en un avión pensando que se iba a encoger cuando llegara al cielo.

Otra niña llamada Rebeca recordó a una amiga de su niñez que perdió un diente. La amiga de Rebeca fingía estar dormida cuando vino su papá, tomó el diente y puso dinero debajo de la almohada. Al día siguiente, la amiga le dijo a Rebeca:

—Sé quién es el hada de los dientes.

—¡De veras! ¿Quién? —respondió Rebeca espantada.

—Mi papá —le dijo su amiga.

Rebeca no lo podía creer. Esto fue lo que contó del episodio: «Recuerdo que corrí a mi casa después de la escuela y le dije a mi mamá: "¡Mamá, sé quién es el hada de los dientes!". Y la mamá le dijo: "¿De veras? ¿Quién es el hada de los dientes?". Yo le respondí: "¡El papá de Rachel es el hada de los dientes! ¡Ronnie Loberfeld es el hada de los dientes! Entonces, mamá me dijo: "No puedo creer que lo sabes. Es un secreto. No puedes decírselo a nadie. Pero tienes razón, Ronnie es el hada de los dientes"».

Historias como estas nos hacen reír. Sin embargo, ¿te imaginas cuántos años una niña creyó que los aviones se encogen y que Ronnie Loberfeld es el hada de los dientes? Años y años. Tú y yo hemos creído más de unas cuántas cosas. Algunas son ciertas, otras no, y nos puede llevar una vida entera descifrar en qué pila van.

No todas las creencias son ciertas, y tampoco todo lo cierto termina elevándose al nivel de creencia. A veces nuestras creencias son pedazos de conversaciones incómodas que parecen verdad, pero son falsas por completo en realidad. La mayoría de las veces no causan mucho daño. En cambio, cuando es cuestión de nuestra fe, las falsas creencias se pueden convertir en distracciones que tienen el poder de robarnos toda una vida de claridad y propósito. A veces necesitamos descifrar la verdad acerca de lo que creemos, y debemos volver a visitar muchas de las explicaciones graciosas y presunciones con las que estamos familiarizados.

Toma una de tus primeras creencias. Escoge la que quieras. ¿Espejos rotos? ¿Gatos negros? ¿Santa Claus? ¿El cielo? Si tenemos el valor de poner estas creencias en el microscopio, encontraremos algunas motivaciones mal dirigidas por las que las hemos aceptado con tanta rapidez. Quizá quisimos guardar pensamientos felices en el bolsillo. O tal vez queríamos ser aceptados por un grupo para eliminar la incomodidad de la inseguridad. En algún momento, estas creencias adoptadas nos parecieron refugios seguros, pero ahora nos tienen atrapados. Quizá no queramos zarandear la barca con preguntas, y terminamos sin zarandear nuestra vida buscando las respuestas verdaderas. Aquí tienes la parte loca: Esta estrategia de evasión da resultado, al menos lo parece.

Innumerables personas se han unido a un club de personas con ideas afines que se comportan de cierta manera en lugar de encontrar, comprender y creer de veras lo que es cierto. Esta es una de las distracciones más grandiosas y relajantes de la vida. Si no tenemos cuidado, podemos cambiar lo que podría haber sido una vida significativa, alegre, con propósito y plenamente comprometida, por encajar, ser aceptados o sentir que somos parte de la tripulación. Mi pregunta es la siguiente: Si tu fe es importante para ti, ¿buscas una expresión genuina de ella o solo que te acepten en un club? Si queremos vivir vidas intencionales, debemos decidir por *nosotros mismos* lo que creemos de veras. Tenemos que dejar atrás las suposiciones que hemos hecho sobre lo que debemos creer, así como los hechos que hemos ignorado y las falsedades que hemos tomado prestadas de otra persona solo para pertenecer a algún lugar. Una de las bellezas perdurables del mensaje que Jesús vino a entregar en persona se puede resumir en estas dos palabras: *Eres parte.*

Puede ser un salto alarmante. Lo entiendo. Sin embargo, ¿preferirías creer que los aviones se encogen? Existe una verdad más hermosa. Sé sincero y auténtico mientras haces esto por ti. Recuerda, Jesús nunca tuvo problemas con gente insegura. En realidad, reprendió a las personas que fingieron certeza absoluta por el aumento de poder y prestigio que pensaron que les otorgaría su conocimiento. Seré vulnerable aquí y te daré un ejemplo de mi propia vida.

Creo a pies juntillas que el cielo existe. Tanto la Biblia como mi propio instinto me lo dicen, pero a veces me pregunto por qué he llegado a la conclusión de que es real. Es una esperanza informada por mi creencia de que la Biblia es verdadera y de que Jesús habló de ella con certeza. En cambio, esta creencia no está informada por mi experiencia. Aunque he escuchado historias acerca de gente que hace el viaje de ida y vuelta, no he estado en el cielo y no conozco a nadie que fue y volvió. No sé tú, pero no estoy hecho para oír o leer algo y aceptarlo sin preguntas. Sé que Dios no se enfada conmigo por esa parte de mí, pero aun así me hace dudar. La única manera de resolver esta duda es morir, y ese es un intercambio que no está en mi lista de cosas por hacer ahora mismo.

Ahora bien, algunos de ustedes pueden estar retorciéndose en su asiento con este tipo de discusión, en especial si piensan que las personas que escriben libros, se paran en los púlpitos o se sientan en los bancos deben tenerlo todo resuelto. Si este es tu caso, te vendría bien, y sin duda sería bueno para la gente que te rodea, que te tranquilizaras. Si creciste en una comunidad de fe que sacude la cabeza o apunta con el dedo a esta clase de conversación sincera, te digo esto con todo el amor y respeto que puedo reunir: Trata de reducir eso un poco, ¿de acuerdo? Consigue un perrito si es preciso. No nos hace falta esta clase de distracción en nuestras comunidades de fe ni en nuestras vidas. Lo que necesitamos es un conjunto de creencias examinadas y sinceras por completo, nacidas de conversaciones seguras y veraces e informadas por una lectura atenta de las Escrituras. La duda, que hace bien, puede conducir a una inmensa claridad y propósito. Trata de no distraer a otras personas con una invitación a unirse a tu club cuando están buscando genuinamente la verdad, que puede ser difícil de obtener, pero tiene una vida útil mucho más larga. Llévale todas tus preguntas a Jesús. Él puede con ellas.

Hubo un hombre que se acercó a Jesús y, en un momento de cruda autenticidad y claridad, le dijo: « ¡Sí creo! [...] ¡Ayúdame en mi poca fe!»[2]. Espera, ¿qué? ¿Creo y no creo al mismo tiempo? ¿Cómo puede ser eso? Sencillo. Todos tenemos dudas. Algunos son valientes para tratar de entender su fe, otros ignoran o defieren las preguntas. Si tienes cosas acerca de tu fe que no puedes entender, no seas falso tratando de actuar como si las entendieras. No vivas confundido escogiéndote de hombros y huyendo de los pensamientos y las preguntas. Acepta la realidad de las preguntas y las dudas que tienes. Deja de fingir que no las tienes; llévaselas a Jesús y pídele ayuda para ordenarlas. Esto tomará más que una cucharada de tiempo, introspección y sinceridad, pero le dará a Dios algo auténtico tuyo con lo cual trabajar, quizá por primera vez.

La fe es simple, pero no fácil. La Biblia describe la fe como «la garantía de lo que se espera, la certeza de lo que no se ve»[3]. Me gusta esa descripción. Necesitamos hacer más que solo decidir en quién depositamos nuestra fe. Necesitamos decidir de qué se trata en realidad nuestra fe. Te doy un ejemplo.

Cuando mis hijos estaban en el instituto, esperaba que un día se graduaran. Algunos días parecía que las probabilidades eran solo de cincuenta por ciento, pues estaban interesados en muchas otras cosas, y la escuela no era una de ellas. Aun así, esperaba. Tampoco vi muchas tareas cuando volvían a casa. Si sus informes eran ciertos, en los cuatro años del instituto jamás les asignaron tareas. *¿De veras?* Me parecía sospechoso. Pero aun así, mantuve la fe. Tomando las pistas de la Biblia, tenía la garantía de lo que yo esperaba (la graduación), y tenía la certeza de lo que no veía (las tareas). Tú puedes hacerlo también.

¿Qué esperas? ¿Estás impaciente para que esa cosa llegue o suceda? Yo también. ¿Qué no has visto todavía? ¿Un empleo? ¿Un descanso? ¿Una relación? ¿La ayuda que tanto necesitas? ¿Puedes confiar que sucederá pronto, aunque no ha sucedido todavía? Eso es lo que Jesús dijo que es la fe. No es tener todas las respuestas, aunque algunos te harán creer que la fe es una confianza firme en tu conocimiento. En cambio, la fe es tener las agallas para hacer preguntas sobre tus creencias, sabiendo que el amor de Dios es lo suficientemente grande y paciente como para sostenernos en nuestras incredulidades.

* * *

La fe también es tener las agallas para hacer algo acerca de lo que dices que crees.

Hace años hubo un día increíblemente cálido, lo cual es raro donde vivo en San Diego. Olas de calor se levantaban del pavimento, y no había nadie afuera. Se podía sentir el letargo en la ciudad a causa del calor opresor. Era como si fuéramos un perro durmiendo en la sombra con la lengua fuera tratando de refrescarse. Para vencer el calor llamé a mi hijo Adam a ver si quería venir y darnos un chapuzón en el mar. Preparamos el barco y salimos hacia el oeste. Son momentos así cuando quisiera tener un tridente o un sombrero de aventuras, o por lo menos una espada y una bandera de piratas. Me encanta salir al mar abierto con el viento en la cara y la proa del barco cortando las olas.

Una vez que estábamos lo suficiente lejos, apagamos los motores. Adam y yo nos miramos y nos tiramos al agua como bolas de cañón. Al momento de golpear el agua fría del Pacífico, la frescura que necesitábamos nos rodeó. Nadamos bajo el agua, nos salpicamos el uno al otro, y buscamos peces, ballenas y sirenas en el agua borrosa. Adam nadó de nuevo hacia el barco y yo me quedé en el agua por un rato más, flotando de espaldas con los ojos cerrados y perdiéndome en la simple belleza del momento. Cuando abrí los ojos me di cuenta de que el viento empujaba el barco lejos de mí con más rapidez de lo que yo podía nadar hacia él. Era como si fuera parte de una escena de la película *Náufrago*, pero yo era la pelota de voleibol llamada Wilson.

Si alguna vez has estado en este tipo de situación, puedes sentir un poco de miedo; sin embargo, todos hemos experimentado alguna versión de esta emoción. Quizá no se trate de un barco a la deriva, sino de una relación, una esperanza, una oportunidad de negocio o un sueño. Por supuesto, tenía a Adam conmigo, así que sabía que no estaba solo intentando volver al barco. Aun así, la situación me dio una sensación de miedo, aislamiento y urgencia, y me recordó ese famoso momento de la Biblia cuando Jesús invitó a Pedro a salir de la barca y unirse a Él sobre las olas[4].

Jesús había acabado de alimentar miles de personas haciendo algo de la nada[5]. Más tarde, los discípulos se alejaron de la orilla en su barca antes que Jesús. A mitad del trayecto, comienzan las olas y el viento. Quizá los discípulos tuvieran miedo como yo cuando no pude volver a mi barco. Ya habían pasado una tormenta con Jesús cuando pensaron que había llegado el final[6].

Dios susurrará a nuestro oído en nuestra comodidad y nos gritará en el dolor[7]. Al parecer de la nada, Jesús llegó, nada menos que caminando sobre el agua, y no solo le dio a Pedro la oportunidad de creer en su fe, sino de *mostrar* su fe con sus acciones. Es una invitación que todos recibimos cada día. Quizá recuerdes la historia. Pedro jugó con el viento y las olas: «Señor, si eres tú [...], mándame que vaya a ti sobre el agua». No estoy seguro de quién más pensó Pedro que podría ser. ¿Su casero? ¿Uno de sus acreedores? ¿Su suegro? ¿El chico de *Domino's* con una pizza de faláfel? Jesús no dio un discurso ni un sermón de tres puntos. Solo le dijo: «Ven», y con esta única palabra toda el agua del mar de Galilea se desplazó hacia el lado de la bañera de Pedro. Esto nos sucede a todos en algún momento y de muchas maneras. Dios no está interesado en explicar su posición; su estilo es ofrecernos invitaciones sencillas que cambien el curso de nuestra vida si las aceptamos. «Ven». No quiere que estemos de acuerdo con Él; quiere que hagamos algo en cuanto a nuestras creencias e incluyamos al mundo.

Ya conoces el resto de la historia. Pedro salió de la barca y caminó sobre el agua en dirección a Jesús. Puedo suponer que Pedro fue un poco más que vacilante cuando encontró su equilibrio. Imagina los diferentes ángulos de la cámara por un momento. Pedro le pedía a Jesús su identificación cuando dijo: «Si eres tú». Me apuesto a que Jesús vio a un hombre curioso y cauteloso. Los amigos de Pedro vieron a un hombre hacer lo imposible. Me puedo imaginar a los peces espantados por completo y codeándose uno al otro con las aletas con el espectáculo arriba.

Cuando nos arriesgamos en grande con nuestra fe, las distracciones parecen estar listas para desviarnos. Eso fue lo que le pasó a Pedro. No encontró un punto blando en el agua que le hiciera hundirse; se distrajo con el viento y las olas y eso le hizo un agujero lo suficientemente grande como para hundirse en su recorrido hacia Jesús. Esta es mi pregunta para ti: ¿Cuál es tu distracción? ¿Es tu trabajo? La mitad de mis amigos teme perder el trabajo y la otra mitad teme mantenerlo. ¿Es una relación difícil? Quizá sea algo en tu pasado que te avergüenza o algo en tu futuro a que le tienes miedo. No te dejes atemorizar por estas cosas, y no las ignores. Lidia con ellas.

La primera vez que Pedro llamó a Jesús desde la barca, le pidió que le probara su identidad. La segunda vez ya había visto la prueba, pero al hundirse se dio cuenta de que necesitaba un barco lleno de ayuda. Si tienes dudas en tu fe, no solo está bien, está mejor que bien. Yo también. No te retraigas. Acércate. Arriésgate y da el paso afuera. Aun así, no te olvides de clamar a Jesús si te comienzas a hundir.

Hace algunos años comencé un deporte nuevo. Es más que generoso llamar esquí acuático a lo que hacía. Siempre me estaba cayendo o arrastrando con la tabla de esquiar atada a los pies. Desde la orilla probablemente se parecía más a la pesca de arrastre de peces grandes conmigo como el gran trozo de cebo viejo y pecoso. Cuando me acercaba al barco tras otro intento fallido de levantarme, le tendí la mano a un amigo que se había acercado a la parte trasera del barco para ayudarme a subir y salir del agua. Le tendí la mano con la intención de agarrarla como un apretón de manos. En lugar de eso, mi amigo me agarró de la muñeca y me recordó que así es que Dios nos sostiene. «Bob, aunque te sueltes, yo no lo haré. Te tengo», fueron sus palabras tranquilizadoras.

Volvamos a la historia de Pedro. Aquí hay algo que el texto no destaca, pero creo que es importante: ¿Cómo volvió Pedro al barco? No te pierdas esto. Dios suele hacer tanto en el camino de vuelta de nuestros fracasos como en el de ida con nuestras aspiraciones. Esa noche Pedro no caminó sobre el agua una vez; caminó dos veces. Después de hundirse, Jesús no le tiró un par de flotadores ni lo hizo nadar hacia la barca. Más bien estrechó su mano y lo ayudó a levantarse. Te apuesto cualquier cosa que Jesús lo agarró por las muñecas y le dijo: «Te tengo y no te soltaré aunque tú lo hagas».

Dios todavía está a cargo de rescatarnos de las olas. En el momento de duda de Pedro, Jesús se le acercó, no se alejó. Haz tú lo mismo y acércate a Jesús. He aquí la razón. Jesús conversó con Pedro; no lo avergonzó. Su única pregunta para Pedro tiene sentido para mí. Le preguntó: «¿Por qué dudaste?». Pedro acababa de ver el milagro de alimentar a miles ese mismo día. Vio a gente sanar y hasta resucitar. Es tentador pensar que se hubiera comportado mejor, ¿pero lo hubiéramos hecho nosotros? ¿Lo hacemos?

Pedro expresó su fe de dos maneras esa noche. La primera fue una petición tentativa de estar con Jesús en el agua. Yo me puedo identificar con eso de hacer una pregunta incierta, y espero que tú encuentres el valor de hacerle a Jesús un par de ellas. La segunda fue un reconocimiento aún más valiente de Pedro: que se estaba hundiendo y necesitaba que le rescatara. Y en este momento, vemos los dos lados de la moneda de la fe: acción y duda. Cuando crees en algo de manera tan firme, estás dispuesto a arriesgarte; y cuando dudas de algo de manera tan genuina, estás dispuesto a pedir ayuda. Haz estas cosas y estarás en el buen camino. Decir que tenemos fe sin ninguna duda ignora nuestra humanidad y abarata nuestra fe en lugar de profundizarla.

Nunca pienses que Dios mira tu esfuerzo sincero de estar con Él con cierta inseguridad como un fracaso. Él se emociona con cualquier movimiento que hagas hacia Él, y está listo para tomarte por las muñecas esperando que tú tomes las suyas en el momento en que dudes del milagro que quiere traer a tu vida. Incluso si lo sueltas, Él no te dejará ir.

* * *

Uno de los tiempos más difíciles de mostrar una fe firme y sin distracción es cuando sufre un ser querido. He perdido a mucha gente cercana a mí por enfermedades. Quizá te hayas unido a las filas de quienes han perdido a alguien en el curso de la vida. En los últimos años, parece que la pérdida es más pronunciada y frontal que en cualquier otro momento que pueda recordar. Es doloroso, pero esta es mi pregunta: ¿Cómo responde la fe a la pérdida? ¿Es con dudas, golpes y acusaciones? ¿Es con dolor y amargura prolongados? De seguro que Dios permite todas estas reacciones cuando nuestra fe se pone a prueba por la pérdida. Sin embargo, también creo que la pérdida, al igual que la duda, es una invitación a dar un paso valiente hacia

Jesús. Sea como sea que experimentes los reveses o la tristeza, hazlo con intención.

Tengo un amigo llamado Bill que recibió un diagnóstico difícil de cáncer. Bill y su esposa, Laurie, tenían una cita relacionada con los tratamientos y el régimen que Bill experimentaría en los próximos meses para tratar de vencer la enfermedad. Yo viajé a Houston para estar con mis amigos cuando llegó el día de la cita.

Jesús tenía un hermano llamado Santiago que les escribió una carta a los jóvenes seguidores de su época. Habló de cómo debían ayudar más a la gente cuando estaba enferma, diciendo que debían poner aceite en la cabeza de sus amigos enfermos[8]. No sé cómo creciste ni cómo expresabas tu fe, si es que lo hacías, pero esto de ungir a alguien con aceite estaba fuera de mi experiencia. Me parecía algo absurdo o místico, o al menos sucio, pero mientras volaba a Texas me pregunté por qué no se aplicaba todavía.

En el Antiguo Testamento le ponían aceite en la cabeza a alguien en una ceremonia para apartar a esa persona o prepararla para algo grande. Lo hacían con reyes y otras personas importantes preparándose para actos valerosos. Santiago no dijo qué sucedería si ungiera a alguien con aceite, y creo que ese es el punto. Obedecer a lo que Dios nos invita a hacer antes de entenderlo es un paso de fe que Dios honra. Cuando le digo a Dios que quiero que me lo explique antes de obedecerle, hago que mi fe parezca más como una negociación, y no lo es.

Cuando aterricé, decidí comprar aceite para la cabeza de Bill. Estaba un poco inseguro de qué aceite necesitaría. ¿De oliva virgen extra? ¿De castor? ¿De coco o vegetal? Descarté el aceite de motor SAE 30 y crudo porque no parecía encajar a pesar de que estábamos en Texas. Pensé que encontraría una tienda de víveres de camino al hospital. Lo lamentable es que descubrí que no había tiendas en mi ruta, y no tenía tiempo. Aun así, fíjate en esto: Había un restaurante Burger King. Entré, le expliqué mi dilema al hombre de la freidora, y logré que me diera una taza de aceite usado de la freidora.

Esa tarde hice girar varias cabezas mientras caminaba por los pasillos del Centro Oncológico MD Anderson con mi taza llena de aceite. Parecía un hombre apurado con su muestra de orina en la mano. Cuando encontré a Bill y a Laurie, estaban esperando más exámenes. Oramos juntos para que tuvieran la valentía, la claridad y el enfoque sin distracciones para librar esta batalla, y para que los médicos tuvieran la sabiduría extraordinaria para saber qué hacer después. Cuando terminamos, metí el dedo en el aceite y toqué la frente de Bill. Estoy seguro de que fue la única persona que fue a la máquina de imagen de resonancia magnética oliendo como un paquete de papas fritas. Bill y Laurie son modelos de valor y gozo, y Jesús y yo sabemos por qué. Viven sin distracciones.

Un diagnóstico como el de Bill puede enfocar la vida como un láser. Si lo piensas, todos tenemos una cita con nuestra mortalidad; solo que no sabemos cuándo será. Si conseguimos que nuestra mente se adapte a esta inevitabilidad, las cosas que antes nos distraían podrían dejar de ser un obstáculo para nosotros. La fe que antes parecía inquebrantable podría tener que encontrar nuevos fundamentos. Esto no solo es comprensible. Es una actitud acertada.

Todos los días tenemos la oportunidad de hacer lugar con valentía a nuestras dudas y abrazar a Jesús en medio de ellas. Podemos dar un paso al frente y arriesgarnos a mostrar nuestra fe, y clamar por rescate cuando fallamos. La alternativa es permanecer distraídos y asustados. Lo peor que podemos hacer es aferrarnos a nuestras creencias y suposiciones conocidas, pero anticuadas, y reclamarlas como verdad. Si lo hacemos, cuando más las necesitamos, las creencias débiles y falsas nos tendrán buscando hadas de dientes y aviones que se encogen. La fe osada es para que dé resultado en el mundo real, pero requiere que tú y yo primero seamos reales con ella. Extiende tu mano si tienes necesidad. No trates de darle un apretón de manos a Jesús como si estuvieras cerrando un negocio; deja que Él te tome por las muñecas.

10 CUÉNTATE ENTRE LAS ESTRELLAS

La disponibilidad puede poner en marcha más sueños de los que puedas imaginar

Cuando estaba en la universidad le escribí una carta a un músico popular llamado Keith Green. A los pocos días, recibí su respuesta. Tal vez habría sido algo pequeño para cualquier otra persona, pero no para mí. Abrí la carta y solo tenía tres oraciones escritas. Ni siquiera recuerdo las palabras, pero no importa. Esas simples oraciones de alguien a quien admiraba me dijeron que yo importaba. Me hicieron sentir valorado y me mostraron que era digno de su tiempo. Me sentí visto.

Todos queremos lo mismo en la vida: amor, aceptación y conexión. Yo no era una persona que intentaba monopolizar el tiempo de Keith Green, ni era importante según ningún estándar que mida el mundo. Sabía quién era, pero de seguro que él nunca había escuchado hablar de mí. Creo que sé lo que sucedió. Me apuesto a que recibió mi carta y supuso que yo era un joven sediento por las mismas cosas que quieren todos. No me dio de lo que tenía en abundancia, que era su consejo; me dio de lo que menos tenía, su tiempo. Fue un vaso de agua fresca en un día caluroso, y mi recuerdo más temprano de sentir un profundo sentido de agradecimiento por el regalo de haber sido reconocido por un extraño. Él no se aferró a su amor como si fuera escaso; lo dio libremente como si estuviera hecho de amor. Me demostró que cuando se trata de acciones generosas de amor desinteresado, somos ríos, no estanques.

Keith Green murió años después en un trágico accidente de aviación, pero los pocos momentos intencionales de su vida que me dio florecieron en un patrón que cambiaron mi manera de conectarme con la gente que me tiende la mano. La gratitud no solo es una emoción a la que nos aferramos como un trofeo del instituto lleno de polvo; es una respuesta que repartimos como la brisa. Cada uno de nosotros es un conducto de amor. No necesitamos lanzar mil fuegos artificiales para expresar nuestra gratitud; a veces solo hay que encender una vela. Tenemos la habilidad de dar forma y transformarnos unos a otros con las acciones de bondad y atención más pequeñas. El motivo es simple. Dios no nos pasa mensajes; nos da los unos a los otros. A veces tres sencillas oraciones son suficientes para cambiar toda la trayectoria de tu vida y la de otra persona.

* * *

Cuando se trata de la disponibilidad, hay tres formas principales de crearla: nuestro tiempo, nuestro talento y nuestro tesoro. El tiempo y el talento se definen a sí mismos, y a veces son más fáciles de entender que de dar. Cuando hablo de «tesoro», me refiero al dinero, y pienso que vale la pena tocarlo por un momento si queremos vivir una vida sin distracciones y llena de alegría.

Cuando escribí mi primer libro, *El amor hace,* comenzó como un sueño para captar algunas de las experiencias de mi vida y dárselas a mis hijos. Entonces, mis amigos Don y Bryan se pusieron a mi disposición, y se convirtió en un superventas del *New York Times*. Ellos contribuyeron con su tiempo y sus talentos para que el libro valiera la pena leerlo, y mis hijos me prometieron que lo leerían, así que pensé que había valido la pena todo el tiempo que pasamos arreglando los errores de ortografía.

Decidimos usar las ganancias de las ventas para construir escuelas y casas de refugio en Somalia, Irak, Uganda, la República Democrática del Congo, Afganistán y algunos otros países donde las guerras civiles de larga duración les habían privado a los niños de oportunidades de aprender y crecer en entornos seguros y afectuosos. Después que mis amigos estuvieron disponibles para mí, bastante más gente dio de su tesoro para comprar el libro. Esto allanó el camino para que casi un centenar de edificios se convirtieran en escuelas en el mundo entero, lo cual creó oportunidades para que todos los años los niños pudieran aprender. Solo un poco de disponibilidad de unos cuantos amigos creó *todo eso*. Si por casualidad compraste mi primer libro, *tuviste* un papel en esto también. Creaste una comunidad generosa para servir a comunidades necesitadas. Choca esos cinco y date golpes de pecho.

Cuando puse mi número de teléfono celular en la última página del libro, al igual que en todos los demás libros que he escrito, todo el mundo pensó que estaba loco. Lo hice porque treinta años antes, un hombre generoso se tomó el tiempo de escribirme tres oraciones. Recibo más de cien llamadas todas las semanas y no mando a la gente al buzón de mensajes cuando tengo cobertura. Cada vez que contesto y saludo, es como si le dijera al que llama que es importante, que es valorado y que es digno de mi tiempo. Así es que sé que vivo una vida sin distracciones: cuando estoy alegre y disponible de manera abundante e irrazonable para las personas que me rodean. Estoy seguro de que a casi todo el mundo le parezco increíblemente distraído cuando saludo a extraños en el teléfono, pero nada puede estar más lejos de la verdad. Lo que de lejos quizá parezca una distracción, puede ser un enfoque claro e indómito, y un despliegue de alegría. Contesto en el elevador (sobre todo para romper el silencio incómodo). Contesto en el tribunal. Hasta he contestado en el escenario mientras les hablo a miles de personas, esperando en la línea del Departamento de Vehículos Motorizados, en Disneylandia, en la tienda de víveres, de camino a la montaña Kilimanjaro y en cualquier lugar que te puedas imaginar. Excepto en el baño. Lo siento si fuiste tú el que llamaste, pero no. Ahí hay cosas que no puedes dejar de escuchar.

Mi propósito significa estar increíblemente disponible para todos, pero escucha cuando digo esto: La vida *no* tiene que ser así para ti si no estás programado de esta manera. Ya te lo dije, hasta yo tengo límites en este departamento. Como ya he dicho, debemos ser *uno*, no los *mismos*. Tu vida indómita, sin distracciones y con propósito puede exigir que tires el teléfono al mar para poder hacer las cosas que debes hacer. Si ese es el caso y necesitas hacerlo, dámelo a mí, pues el mío ya está viejo, gastado y roto. Piénsalo de esta manera. Deshacerse de las grandes distracciones tiene que ver sobre todo con estar disponibles en otra parte, ¿de acuerdo?

Quizá para ti sea deshacerte de distracciones a fin de ofrecer tu disponibilidad y presencia a cosas más importantes que Netflix. Nadie sabe cuándo terminará nuestro tiempo aquí, pero creo que sé cómo serán mis últimos dos minutos. Creo que ese momento estará lleno de gratitud por la gente a quien le he dado mi tiempo y por los que me dieron tiempo a mí. En gran medida, por eso es por lo que quiero estar disponible para otros. Por eso escribo libros, tomo llamadas y me siento en la isla de Tom Sawyer en Disneylandia los miércoles. Quizá te preguntes: *¿Por qué estar disponibles?* Bueno, para empezar, porque Jesús lo estuvo. Estar disponibles no nos convierte en Jesús; solo nos hace un poquito más como Él, y yo estoy dispuesto a hacer todo lo que me apunte en lo más mínimo en dirección suya. Si estar disponible no es para ti, no te sientas mal. Si no es para ti, ama y recibe esto acerca de ti. Solo que no protestes debido a que otros no te busquen. Tal vez ellos estén programados de la misma forma.

Hacer cosas que son importantes no significa hacer cosas fáciles. De seguro que algunas de las ideas en este libro serán difíciles de implementar. Lo entiendo. Lo son para mí también. De todas formas, haz el intento, aunque sea difícil. Cuando Jesús estaba en el huerto de Getsemaní, dijo dos cosas: «Si es posible, no me hagas beber este trago amargo. Pero no sea lo que yo quiero, sino lo que quieres tú»[1]. No trató de controlar el resultado, aun cuando sabía que sería doloroso. Luego, cuando estaba en la cruz, dijo: «Todo se ha cumplido», mientras moría y destruía la muerte[2]. En ese momento creó para nosotros el camino al amor; hizo que Dios estuviera disponible para nosotros debido a su sacrificio y su presencia. Él hizo cosas difíciles en la vida, así como las cosas más difíciles que uno podría hacer, y espera que nosotros también hagamos las cosas difíciles. Todo su propósito era de tres oraciones de largo.

* * *

En la Región Norte de Uganda es donde habita el pueblo acholi, y es el centro de la más reciente guerra civil en Uganda. Como en toda guerra civil, todos perdieron en el país. Es probable que los acholi más que todos. Muchas de las vidas que no cobró la guerra, se las llevó el virus VIH. A más de 1,7 millones de personas las desplazaron y, al principio de yo llegar, mil personas morían cada semana en campamentos provisionales. Como resultado de esta tormenta perfecta de tragedia, la edad promedio de todo el país se redujo a poco más de quince años.

Comenzamos una escuela en el área donde ocurrían casi todos los secuestros de niños. La mayoría de los niños pioneros que se matriculaban en la escuela habían sido soldados o eran huérfanos debido a la guerra o la enfermedad. Todos necesitaban nuevas familias, así que dividimos a los cientos de niños en grupos familiares y cada familia la dirigía uno de los maestros.

Durante los primeros años alquilamos algunos edificios pequeños para la escuela. Sin embargo, pronto se nos quedaron pequeños, así que encontramos una parcela de poco más de veinte hectáreas en un lugar remoto de la selva de la Región Norte de Uganda y la compramos. De nuestras raíces humildes, sentimos como si hubiéramos comprado a Texas. El país no tenía la infraestructura legal para siquiera dar títulos de propiedad a nadie, así que formamos una junta en la región y comenzamos a dar títulos. El nuestro fue el primero.

Cavamos pozos, construimos caminos, revisamos que no hubiera minas sin estallar y comenzamos a construir la escuela. Desde entonces hemos estado ocupados. Ahora hay sesenta edificios; cinco pozos; treinta maestros; laboratorios de computadoras, física y química; un campo de fútbol reglamentario; y más de mil seiscientos alumnos que asisten a diario. La mayoría vive en los dormitorios que construimos nosotros (tú). La República de Uganda solo tiene dos pistas olímpicas en el país. Nosotros tenemos una de ellas. También pagamos la mayor parte de los impuestos en toda la región, una distinción que no me agrada mucho. Lo que quiero decir es que *nosotros (tú, yo y los demás) hemos construido juntos una ciudad*. Solo necesitamos una oficina de correos y un departamento de bomberos. Llámame en un año, y te apuesto que los tendremos también.

Tengo muchas historias que contar acerca de la escuela, pero una que me impresiona es acerca de un alumno llamado Obomo. Cuando lo conocí, tenía doce años. Los rebeldes del Ejército de Resistencia del Señor sacaron a rastras a sus padres de su choza y los quemaron vivos frente a él. Sé que es algo difícil de leer, pero esto le sucedió a Obomo. Sus parientes no tenían forma de proveer para él ni darle una educación. Cuando escuché la historia de Obomo, supe qué decir con exactitud: «Aceptado». Lo abracé con fuerza, lo tomé de la mano y se lo presenté a su nueva familia en la escuela.

Obomo llegó a nosotros perdido, con miedo y sin esperanza. Al principio, sintió que no encajaba. Estaba traumatizado, pero tenía resiliencia; intentaba darle sentido a su vida y al mundo que le rodeaba como joven. Con el correr del tiempo, Obomo creció en lo académico y en sus relaciones en la escuela. Comenzó a asumir más papeles de liderazgo, y era un gozo para sus maestros y ánimo para sus compañeros. Aun en medio de una escuela llena de diamantes, él brillaba. Esta trayectoria hacia arriba duró todos sus años con nosotros.

Se acercaba el día de la graduación, y los alumnos estaban llenos de entusiasmo. No solo sobrevivieron a una guerra, sino que ahora sobresalían en su educación. Yo estaba en la oficina imprimiendo los diplomas que tenían una imitación de la insignia de Harvard. Ya sé, ya sé. Demándame. Uno de mis momentos favoritos en la historia de la escuela fue poner la medalla *valedictorian* en Obomo. ¿Tienes alguna duda de que Obomo les abrirá las puertas de la posibilidad a otros a través de su disponibilidad? Por supuesto que no. Yo tampoco las tengo. Esto es lo que hace la disponibilidad; nos recuerda nuestro propósito y lleva a otros a sus propósitos también. La disponibilidad genera oportunidades; las oportunidades inspiran más disponibilidad; y el ciclo continúa y crea un propósito más profundo.

* * *

En la Región Norte de Uganda las estrellas brillan en el cielo nocturno. Si vives en una ciudad principal, un pueblo pequeño, un suburbio, cerca de casas o de reflectores, no podrás visualizar lo que digo. En las vastas expansiones de tierra del campo africano, casi no hay contaminación de luces. El cielo nocturno está plagado de gloriosos y brillantes puntitos. Miles de miles y miles de fragmentos de luz viajando por extensiones que no podemos concebir. Puedes ver un brazo en espiral de la Vía Láctea que se extiende más allá del horizonte, y cada estrella fugaz que cruza el cielo es un recordatorio de quién es Dios y quiénes no somos nosotros.

Uganda no es el tipo de lugar que tenga un programa espacial. Sin embargo, desde que nuestros alumnos eran pequeños, han mirado al firmamento desde sus aldeas con la maravilla que esta expansión suscita dentro de cada uno de nosotros. Hace algunos años, la NASA dejó de lanzar el transbordador espacial y perdieron todo el financiamiento. Cuando escuché esto, llamé y pregunté si tenían piezas de repuesto que pudiéramos enviar a nuestra escuela en Gulo. ¿Una cápsula espacial? ¿Un cohete propulsor de repuesto? En realidad, cualquier cosa vendría bien. Me imaginé dar direcciones a la gente que iba a la escuela diciendo: «Hagan un viraje después del primer cohete». Uganda nunca había lanzado nada al espacio. Miré a mi cámara GoPro en el escritorio y comencé a pensar: *¿Y si nuestros chicos fueran los primeros?*

Como básicamente la NASA ya no existía, decidimos establecer el primer programa espacial de Gulo. Lo llamamos GASA. Sabía que le encantaría a cualquier chico de secundaria, sin importar dónde viviera. Encontré algunos tanques de helio en Mombasa, Kenia, y los envié a Gulu. Me costó más que cuatro jirafas. Reclutamos a un astronauta de la NASA, al dueño de una aerolínea y a algunos otros para que nos ayudaran con la aventura, y pusimos manos a la obra.

Unos meses después viajamos a Gulu. Una vez allí, mi hijo Rich puso una cámara GoPro envuelta con calentadores de manos en una nevera de espuma de poliestireno. Entonces, empezamos a llenar un globo meteorológico con helio. Se infló hasta alcanzar cuatro metros de diámetro y seis metros de altura. Los estudiantes hicieron la cuenta regresiva y lo soltaron. Mil pares de ojos observaron cómo se elevaba en el aire. Los estudiantes nombraron a su propia capitana de control de vuelo. Cuando el globo despegó del suelo, ella gritó: «¡Tenemos que despegar! ¡Miren cómo se va! ¿Dónde va a aterrizar?». Tres oraciones más.

Los niños a los que alguna vez se les entregaron rifles Kalashnikov ahora vitoreaban, lloraban y se abrazaban cuando todos se convirtieron en parte del primer lanzamiento espacial de Uganda. Tenían una nueva familia, un futuro brillante y podían volar tan alto como les permitiera su imaginación. Sin embargo, este lanzamiento no solo fue una metáfora; todavía teníamos una escuela que dirigir y lecciones que enseñar. Con la ayuda de un amigo que entendía de meteorología, los niños calcularon cómo los vientos en altura influirían en la trayectoria del globo y luego predijeron en sus cálculos de la clase de física dónde terminaría el globo.

Rich había puesto un GPS en la nevera para que pudiéramos controlar el globo después del lanzamiento. Cada tres minutos recibíamos un nuevo cling. Los estudiantes siguieron el globo a medida que se desviaba hacia el sur sobre el país y se elevó a más de treinta mil metros. Se adentró en el borde del espacio y, al llegar a esta altura, creció aún más a medida que la atmósfera se reducía. Es como cuando llenas demasiado un globo de agua, pero sigues adelante, sabiendo que va a estallar en cualquier segundo. Así fue este momento, pero con menos bañadores. Y entonces sucedió. El vacío del espacio reventó el globo y los restos comenzaron su descenso a la tierra. Rich también le conectó un paracaídas a la nevera, y los chicos se agruparon alrededor de la computadora mientras seguíamos su progreso hasta Uganda. El paquete estaba justo en el lugar donde los estudiantes predijeron que aterrizaría.

De pronto, el viento cambió. Los chicos trataron de calcular nuevas trayectorias, corriendo y batiendo los brazos. Los líderes gritaban de un lado al otro del aula. Había una energía y un enfoque total mientras que estos chicos asumían la tarea que tenían delante. Fue algo espectacular. Me sentí como si estuviera en Houston durante el vuelo de Apolo 13, pero sin el teléfono rojo para decir: «Tenemos un problema». Los chicos determinaron la nueva trayectoria, y resulta que la carga decidió desviarse a más de ciento sesenta kilómetros al oeste. La zona de aterrizaje se calculó en otro país, la República Democrática del Congo (RDC). Nada bueno.

Una vez que el paquete tocó tierra, pudimos ver en una imagen satelital exactamente dónde el GPS localizó la cámara. Había seis chozas de paja a unos noventa y un metros, y pensamos que la caja había aterrizado en un campo o estaba enganchada entre las copas de la densa jungla. Cada tres minutos recibíamos una nueva señal de nuestra caja de poliestireno, pero en una hora, algo cambió. El GPS indicaba que la caja estaba ahora dentro de una de las chozas. Unos minutos más tarde, en otra choza. En menos de una hora había recorrido todas las chozas. Solo me puedo imaginar lo que los habitantes de la aldea pensaban mientras llevaban la caja con el paracaídas y la cámara que estuvieron en el espacio de choza en choza. Algo así como una película.

Uno de los guardias de la escuela se llama Cosmos. No bromeo. Me desilusiona mucho que mis padres me pusieran por nombre Bob. Cosmos es de una aldea en la RDC cerca de donde cayó la caja, y lo enviamos a cruzar la frontera para ver si la podía recuperar. Unas horas más tarde, Cosmos llamó para informarnos que había podido localizar con exactitud dónde estaban la caja y la cámara GoPro.

La próxima llamada que recibimos fue de las fuerzas armadas de la RDC. Habían arrestado a Cosmos por espía. ¡Ayayay! Los militares vieron la caja, la cámara y el paracaídas, y se enfadaron con razón. De repente, esta misión se desvió tanto como el paracaídas. Entonces llamamos a algunos amigos en Uganda que llamaron a algunos generales en Uganda que llamaron a algunos generales en la RDC, y a Cosmos lo liberaron esa misma noche. Menudo malentendido. Nos devolvieron la cámara, pero se llevaron la memoria USB y no pudimos ver el descenso desde el borde del espacio. Todavía tengo vigente mi solicitud al gobierno para recuperarla.

Este es mi punto. No todo fue exactamente como lo planeamos, ¿pero a quién le importa? Algunas cosas te saldrán bien y otras no. Dios no está anotando puntos, y tú no deberías hacerlo tampoco. Cuando nos sentimos tentados a llevarle a Dios solo nuestros triunfos, Él nos recuerda que se deleita en nuestros intentos, aun cuando fracasamos. Los chicos todavía hablan de su misión espacial. Eso es lo que hacen un poco de disponibilidad y mucho helio. «¡Tenemos que despegar! ¡Miren cómo se va! ¿Dónde va a aterrizar?». ¿Cuál será tu próximo movimiento valeroso?

* * *

Después de graduarse de nuestra escuela en la Región Norte de Uganda, Obomo solicitó entrada en la facultad de leyes tres veces, y las tres se la negaron. Era el primero en su clase en nuestra escuela, pero aun así, en Uganda solo hay dos facultades de leyes, y la competencia por las pocas plazas disponibles es enorme. La primera vez que me dijo que quería ser abogado fue cuando llegó a la escuela más de una década antes. Había visto con sus propios ojos la injusticia y quería ser parte de la solución para su país. Esta pasión por ser abogado nunca lo abandonó, y a menudo hablamos de eso durante sus años de primaria y secundaria. Bromeábamos sobre abrir juntos un bufete de abogados llamado «Obomo y Bob». Una especie de nombre pegadizo, pensé.

Después de graduarse, su sueño de ser abogado parecía estar cerca y lejos a la vez. Poco después que lo rechazara por primera vez en la facultad de leyes, me llamó. Le dije que se sentara a la puerta del despacho del decano hasta que lo dejaran entrar. Él pensó que bromeaba, pero esta táctica ya la había usado en mi propia vida y estaba seguro de que mejoraría sus probabilidades. (Si leíste *El amor hace*, sabes a lo que me refiero).

Obomo me llamó la segunda vez que lo rechazaron y le dije que volviera y se sentara allí otra vez. «Esta vez», le dije, «no te vayas hasta que te dejen entrar». Apuesto a que pensó que seguía bromeando, pero en lugar de pensar en lo injusto de su rechazo y en lo empinado de la montaña que escalaba, se puso tenaz. Fue de nuevo, se reunió con el decano y le volvió a decir por qué quería que lo aceptaran. Habló de la pérdida de sus padres y de encontrar su escuela. Habló sobre perder a sus padres y encontrar la escuela. Le contó acerca de su sueño de traer más justicia a Uganda.

Entonces, le preguntó si alguna vez había lanzado un cohete al espacio. Cuando el decano le dijo que no, Obomo le explicó que si lo ayudaba a ser abogado, se consideraría un lanzamiento mayor que el que sus compañeros y él realizaron. El decano hizo una larga pausa, organizó algunos papeles en su escritorio, levantó la vista y le dijo a Obomo: «Aceptado». Esa no fue la primera vez que Obomo escuchó esas palabas.

¿Qué te distrae? ¿Qué gran ambición tienes que has tratado de lanzar y parece estar atascada en la pista? Sé que es difícil. Gran parte de la vida es difícil. Vuelve a intentarlo. Sigue dando la cara por ti y por las personas que se beneficiarán si no te rindes. Tal vez estés a solo unas oraciones de tu próxima gran aventura. Encuentra un par de personas que estén disponibles para ti. Sé la clase de persona que está disponible para otros, y comienza a apuntar hacia las estrellas una vez más con asombro, maravilla, una determinación implacable y sin distracciones. Comienza la cuenta regresiva. Los ángeles en el cielo están inquietos por mirar tu vida y decir: «Tenemos que despegar. ¡Mírate cómo vas! ¿Dónde vas a aterrizar?».

11

«¡ALTO AL FUEGO!»

Las palabras que usamos pueden convertirse en armas o sanar heridas. Escoge con sabiduría

El lugar donde vivimos en San Diego da a una bahía con una marina. A menudo nos sentamos en el porche trasero y observamos el relajado tráfico de barcos que entran y salen del puerto. Hay botes de remo y botes inflables, esquifes y veleros, tablas de surf, motos de agua y kayaks. Un día, cuando nuestros hijos estaban en el instituto, regresaron a casa y dijeron que les pusieron la tarea de escribir un ensayo sobre cualquier tema que quisieran. Se trataba de uno de esos días casi perfectos cuando parece que el mundo entero quiere escaparse y estar fuera. Los corredores iban por el sendero, los perros agarraban los platos voladores, los excursionistas dormían la siesta en sus mantas, y todo lo que flotaba iba y venía. Los chicos miraron por la ventana hacia el mundo del que querían ser parte y afligidos bajaron la vista a las páginas vacías que había que llenar con buenas historias.

Después de una merienda y unas cuantas protestas amortiguadas por la tarea, subieron a sus habitaciones. Cada uno tenía un escritorio contra una ventana que daba, lo adivinaste, al agua. Después de una hora, entré en sus habitaciones para ver cómo iban las cosas. Los chicos parecían embelesados, soñando despiertos y mirando por las ventanas, sin avanzar en sus tareas. Poco después del control, algo comenzó a aparecer en el agua desde la curva hacia el norte. Era un velero con aparejos cuadrados de la vieja escuela, como los que tenía la Marina británica en el siglo XVII. Tenía cañones y un montón de velas de varios tamaños. Saqué mis binoculares para ver si también tenía una tabla, y si obligarían a alguien que la recorriera.

Como había visto ya a los chicos mirando por la ventana, sabía que lo estaban viendo también. No todos los días entra uno de esos barcos piratas por la bahía, y yo sabía que ellos estaban buscando una distracción. Entonces, las cosas mejoraron. Unos minutos más tarde vimos entrar *otro* velero tan grande y maravilloso, y con tantas velas y cañones, como el primero.

Ambos barcos empezaron a hacer maniobras y a dar vueltas en el agua como una danza, trazando amplios arcos y cortando el viento. Se podía ver cómo la espuma del mar chocaba contra las proas cuando los barcos se inclinaban en sus giros. Me di cuenta de lo que estábamos presenciando: dos grandes barcos a punto de sacar sus cañones para librar una batalla naval.

Corrí hacia arriba y les dije a los muchachos que la escuela había terminado. Saltaron con tanta rapidez que parecían resortes. La tarde se había vuelto mucho más interesante, y esperaba que si nos apurábamos, los eventos de ese día podrían inspirarlos para la tarea que todavía tenían que escribir al regreso. De inmediato, fuimos hacia el agua y saltamos a nuestro pequeño bote de remos de la familia, a fin de acercarnos más a la acción. Consideramos elaborar planes para subir a bordo con cuerdas y tomar el mando como lo hacen los piratas, pero nos dimos cuenta de que no teníamos cuerdas ni mástiles de los que columpiarnos. Además, a la escalera de pintar recostada del lado de nuestro bote le faltaba el ambiente de las aventuras de capa y espada.

A medida que nos acercábamos a la batalla, decidimos que la mejor vista sería en realidad *entre* los barcos. Había suficiente espacio para nuestro bote, y pensamos que podríamos ayudar a uno de los barcos a rendirse si fuera necesario, o recoger a alguien caído por la borda. Los barcos terminaron sus amplios arcos y empezaron a pasar uno al lado del otro en una línea paralela con unos cincuenta metros de distancia entre ambos. Dirigí nuestro bote hacia el centro de la acción, y tan pronto como estuvimos en posición, las pequeñas puertas de ambos barcos se abrieron y las bocas de los cañones rodaron hacia fuera y hacia delante. Entonces, nos tapamos los oídos en previsión de lo que estaba a punto de suceder.

Unos sonidos ensordecedores estallaron en el agua mientras columnas de humo acre salían de manera sucesiva de cada barco por el casco. Estos barcos, por supuesto, no se disparan balas de cañón vivas entre sí, sino balas de fogueo que hacen un gran estallido. En total, entre los dos barcos lanzaron casi veinte cañonazos en el espacio de unos minutos hasta que dejaron de estar en línea de visión para disparar. Nos quedamos balanceándonos de un lado a otro en una nube de humo mientras que gritábamos y vociferábamos. Al final, volvimos a la casa y los chicos corrieron escaleras arriba para escribir sus ensayos con una nueva historia en mente. Estoy bastante seguro de que me puse los puños en las caderas e hinché un poco el pecho por ganar lo que imaginé que sería el premio al padre divertido de la tarde.

Los chicos hablaron de esta travesura durante días, por lo que fue increíblemente extraño cuando más tarde escuchamos un informe en las noticias de un simulacro de una batalla de cañones en otro puerto donde uno de los barcos disparó por accidente *fuego real* de sus cañones. No me refiero a que tuvieran balas de cañón; estos cañones modernos usaban cartuchos de escopeta de calibre doce modificados para producir el ruido de la explosión. Uno de los barcos del simulacro de batalla cargó de alguna manera tanto munición real como modificada, habiendo tomado por error las cajas de munición equivocadas. No hace falta decir que les arruinaron la tarde a algunos turistas. Hubo algunas lesiones, pero por suerte nada demasiado serio.

Parece que el mundo ha estado usando mucho fuego vivo últimamente en nuestras palabras con otras personas. ¿Te has dado cuenta? Las palabras que escogemos se han vuelto mezquinas y están llenas de más daño, mentiras y menosprecio de lo que recuerdo que se hayan usado antes. No creo que la gente que trata de probar su opinión sea consciente del daño que le hacen al corazón de otras personas, o a su propia reputación, pero el hecho es que *hacen* daño. Cuando se trata de las palabras que usamos, nunca disparamos balas de fogueo, aunque pensemos que sí. En la Biblia, Jesús dijo que nuestras palabras son un desbordamiento de lo que hay en nuestro corazón[1]. Yo estoy de acuerdo y me pregunto si comprendemos que muchas de las palabras que usamos se han convertido en distracciones para nosotros y para los que nos rodean.

Quizá hayas escuchado esto antes: «Aferrarse a la ira es como beber veneno y esperar que la otra persona muera». Toma cualquier otra emoción negativa que disparas contra los demás, y creo que la metáfora se aplica igual. A menudo nuestras palabras salen directas del corazón y tienden a mostrarles a los demás lo que sucede debajo de la superficie de nuestra vida. ¿Las palabras que usas muestran un corazón lleno de gracia, amor y aceptación o uno de desaprobación, condenación y virulencia? Las personas que no se distraen se decantan mucho por lo primero y poco o nada por lo segundo. ¿Tus palabras invitan al dolor o a la alegría?

No me malinterpretes. Aquí nadie piensa que la vida es siempre unicornios, narcisos y arcoíris. Nuestra manera de recibir y reaccionar a las partes difíciles de nuestras circunstancias es lo que nos muestra de qué está lleno nuestro corazón. En mi caso, decidí sentarme en el banquillo de los acusados con mis propias palabras. Quería saber lo que había en mi corazón, así que un año decidí cobrarme quinientos dólares por palabra debido a cualquier crítica que pronunciara sobre alguien, sin importar lo acertado que creyera estar ni lo mal que pensara que se lo merecían. Escogí esa cantidad, pues es más o menos el costo de un billete por avión a Maui. Esta medida me ayudó a decidir si prefería ir a Maui o decir una palabra dura sobre alguien. Fue un recordatorio de que nuestras palabras les pueden costar a nuestras relaciones mucho más de lo que pensamos. Me ayudó que mis palabras cortantes y acusadoras me costaran quinientos dólares cada una. Hoy en día, intento decir solo las palabras de enfado que me puedo permitir, que no son muchas.

Después de hablar en una conferencia, unos hombres me acorralaron. Traté de esquivarlos, pero me bloquearon el paso. Querían decirme cómo Dios no ama a este grupo de personas o a ese grupo de personas en función de su conducta y estilo de vida. Estaban bastante animados mientras me daban sus opiniones. Yo no estaba de humor para una discusión costosa y no tenía mucho que decirles. Solo quería llegar a casa temprano para cenar con la dulce María. Cuando traté de decir algo, me interrumpieron y se enojaron aún más. Como a la quinta vez de interrumpirme, traté de escapar, pero me bloquearon el camino. Lo lamentable es que no había nadie cerca que gritara: «¡Alto al fuego!», así que encendí la mecha, disparé y dije algo que no debí haber dicho. Al volver la vista atrás, acerté en la anatomía, pero no en el Espíritu de Dios, y me costó varios billetes de avión a Maui. ¿Por qué? Sencillo. Porque se volvió más importante para mí tener razón que ser como Jesús. Hice que se tratara de mí en lugar de Él.

Déjame darte un ejemplo de lo contrario. Mientras estaba en la universidad asistí a un estudio bíblico en casa de un compañero. Se llamaba Brad, y estaba en el punto medio entre mi edad y la edad de mis padres. Quería ayudar a los universitarios a encontrar el camino hacia adelante. Yo casi siempre llegaba tarde, pues el tiempo era un concepto muy impreciso para mí en esa época. Si esto frustraba a Brad, nunca lo demostró. Solo hacía una pausa cada semana mientras yo entraba con la cabeza baja y trataba de encontrar un asiento.

Una semana, dio la casualidad de que llegué unos minutos antes de empezar. Brad me llamó aparte y me dijo: «Bob, me hace sentir honrado que seas un hombre que llega a tiempo». No estaba tratando de confundirme ni de usar la psicología inversa; quería hablarme al corazón. Al mirar atrás, ahora me doy cuenta de lo que hizo. Vio una mejor versión de mí al alcance, y sus palabras la pusieron al descubierto. No eran palabras de corrección, eran palabras de afirmación. Han pasado cuarenta años, ¿y sabes una cosa? Casi siempre llego a tiempo a cualquier parte que voy. ¿Sabes por qué? Porque fui grosero con un hombre bondadoso que hace unas décadas me dijo que yo era un hombre que honraba a otros llegando a tiempo. Nuestras palabras tienen un poder inmenso para destruir o edificar. Elige las tuyas con sabiduría para con todos. No les distraigas con palabras negativas. Las palabras bien escogidas pueden dirigir a los que te rodean hacia algo mejor y más hermoso.

* * *

Hay lugares en todo el mundo donde el fuego real es un hecho cotidiano, junto con la represión de las personas cuyas voces necesitan ser escuchadas. La organización que fundé llamada *Love Does* [El amor hace] trabaja en lugares así, debido a que deseamos ayudar a otros a encontrar de nuevo su esperanza y su voz después de salir devastados por la guerra, silenciados por su género u otras tradiciones culturales. Una de las maneras de hacerlo es abriendo escuelas para estos jóvenes héroes y heroínas, incluso escuelas para niñas en países donde, por lo general, no enseñan a las niñas a leer. Justo en las afueras de Mosul, Irak, el Estado Islámico compraba y vendía mujeres y niños en jaulas por veinte dólares cada uno. Escuchar lo que pasaba con los yazidíes enfadó al mundo, y con razón.

Hay una ciudad fuera de la capital, Erbil, cerca de la frontera con Irán, y con unos nuevos amigos maravillosos en la región, fundamos una escuela y construimos casas para los niños yazidíes y sus familias desplazados por el Estado Islámico. Yo estaba allí cuando terminó la construcción y recibimos a nuestro primer cuerpo estudiantil. Recuerdo que entré en una clase y le entregué una medalla a una joven yazidí, se la puse en el pecho y le dije: «Tú eres la esperanza de este país». Ese día me sentí como Brad. Podemos impartirle este tipo de valor y destino a otros, y lo más loco es que se convertirán en lo que les decimos que serán.

Pruébalo. Si eres padre, háblale a la vida de tus hijos la clase de belleza y esperanza que sus corazones desean oír. Si eres hermano o hermana, amigo, sacerdote, azafata o el encargado del zoológico, busca alguna gente a tu alrededor y habla palabras de verdad y belleza sobre ellos también. No solo estés de acuerdo conmigo. Ve y hazlo con alguien hoy. Hazlo con un bombero, con el cartero o con el dependiente de la gasolinera. Encuentra a la persona que te sirve lo que comes, el que lo despachó o el que lo pone en bolsas en la tienda de víveres, y diles que son la esperanza de Detroit, Memphis, Lodi o dondequiera que estés. Es muy posible que encuentren mayor gozo y propósito en lo que hacen, y tú también.

A Dios no le importa dónde estés cuando inundes la zona con palabras de esperanza, gozo y valor; le importa la persona que eres. Esto no te convierte en el salvador de nadie; te hace un dador de verdad, alguien que puede ver en el corazón de otro y descubrir parte de su propósito. No estás molestando a la gente cuando les dices que son creaciones magníficas; estás viéndolos como los ve Dios. ¿Te imaginas lo que sucedería si todos lo hiciéramos unos con los otros? ¿No sería el mundo un mejor lugar? Ya no nos distraeríamos por todas las razones oscuras y las excusas que creemos que tienen poder sobre nuestras circunstancias. Veríamos que nos crearon para vivir con tremendo impacto y gozo.

A causa del respeto que el gobernador local tenía por la gente con quienes trabajábamos en Erbil, y la esperanza que tenían los niños en la escuela, nos invitaron a reunirnos con él. Es alguien en gran medida valiente y conocido como el hombre que realizó el primer disparo de la revolución iraquí. ¿Cuán genial es eso? ¿Qué se le da a ese hombre? ¿Un jarrón? ¿Un chaleco antibalas? ¿Un juguete Slinky? No estaba seguro qué llevar, así que le llevé un globo de San Diego. No estoy bromeando. Hice que algunos chicos en Estados Unidos lo llenaran de helio y lo llevé conmigo al otro lado del mundo. Cuando lo puse en el compartimento de arriba, le dije a la azafata que mi equipaje era ligero, pero no creo que se diera cuenta de la broma. En el vuelo también pensé mucho acerca de lo que diría.

Entonces recordé que, cuando se trata de Jesús, nuestro trabajo es ser el amor, no el publicista de Dios ni el maestro de las palabras rebuscadas y las propagandas. Hay una razón por la que todos conocemos las frases «las acciones hablan más fuerte que las palabras» y «una imagen vale más que mil palabras». Es probable que ese globo fuera el mejor discurso que pude dar. La existencia de esa escuela fue mejor que cualquier discurso de graduación que haya dado aquí en los Estados Unidos. No te distraigas pensando en cuál es tu próximo paso ni si te reconocerán por tus esfuerzos. Ve a amar a las personas de maneras extravagantes y tremendamente ineficientes diciendo palabras de belleza en sus vidas. Tus palabras tienen ese tipo de poder. Pon un par en juego y mira lo que sucede.

* * *

La región autónoma de Irak en el norte se llama Kurdistán y está protegida por valientes soldados llamados los Peshmerga. El nombre de estas fuerzas literalmente significa: «aquellos que enfrentan la muerte». El Estado Islámico se apoderó de la ciudad de Mosul y tenía cautivas a más de un millón de personas. Los valientes soldados Peshmerga rodearon la ciudad y se prepararon para liberarla. Nosotros salimos hacia la línea de batalla donde los Peshmerga construyeron trincheras. Me dijeron que dejara el globo, pues sería un blanco tentador para el enemigo. Cuando llegamos, los soldados del Estado Islámico se veían a unos pocos cientos de metros, y los soldados de ambos bandos intercambiaban fuego de forma intermitente. Además del globo, llevé conmigo un paquete lleno de medallas que hicimos. Al llegar a las trincheras, saqué uno de los paquetes de medallas y fui de arriba a abajo de las trincheras poniéndolas en el pecho de los soldados. Les decía también que eran la esperanza del país.

No pasó mucho tiempo antes que alguien al mando de la operación viniera y me preguntara quién era y lo que hacía. Nos invitó a regresar a la tienda de campaña y preguntó si queríamos ver el plan para la liberación de Mosul. Fue un sí rápido para mí y mis amigos. Estaba pensando que tendrían monitores de pantalla plana con imágenes satelitales, canales de comunicación complicados y mapas complejos con flechas y detalles en su interior. En cambio, tenían una caja de arena de seis por dos metros y medio con soldados del ejército de plástico dentro. A decir verdad, pensaba que habría más.

Este es el plan de Dios para ti y para mí. Nuestras palabras pueden liberar lo mejor de nosotros. No lo compliques más de la cuenta. Encuentra palabras de amor, afirmación y comprensión que salgan de un corazón liberado del cinismo y del odio. Examínate con sumo cuidado. ¿Hay vestigios de estas cosas negativas al acecho en los aspectos inexplorados de tu vida? Mientras más escuches salir de tu boca palabras hermosas, estimulantes, dadoras de vida, mejor sabrás que esa es la persona en que te estás transformando.

12 EL BOTÓN EQUIVOCADO

Nuestros fracasos no significan que seamos unos fracasados

Si nunca has estado en las islas hawaianas, es posible que no sepas que son una leyenda en realidad. Las hojas de las palmeras son tan grandes como una mesa de cocina y cubren el suelo del bosque. Las aves de paraíso brotan de la tierra en penachos color naranja neón y violeta. Las brisas del mar danzan sobre las corrientes de lava petrificada negra como el carbón. Las olas rompen contra las interminables playas y los musgos descienden incluso de los acantilados más escarpados. Parece que allí puede crecer cualquier cosa, y la gente es tan feliz como cabría esperar por vivir en un lugar tan hermoso.

¿Sabías que Hawái se convirtió en el estado número 50 en 1959? Parece bastante tarde si consideramos que Estados Unidos fue un país oficial en 1776. Para la mayoría de nosotros, Hawái es la definición de unas vacaciones de ensueño. Sin embargo, no todo son faldas de paja, arrecifes de coral, bebidas con sombrillas y tumbonas. Es un archipiélago de importancia estratégica nacional, geopolítica y militar también. Hawái es la puerta de Estados Unidos al Asia-Pacífico, de la misma manera que Alaska es la puerta de entrada de Estados Unidos a Rusia. Por eso Hawái tiene once bases militares que representan las cuatro ramas principales de las fuerzas armadas y la guardia costera de los Estados Unidos. Así que Hawái tiene también una gran potencia de fuego.

Era otro hermoso día en Hawái cuando un hombre de mediana edad cruzó las puertas de la Agencia de Manejo de Emergencias de Hawái. Si se mira el exterior del edificio, no se espera nada impresionante en su interior. Sus puertas dobles, bajas y blanquecinas, son la entrada principal construida en una pequeña ladera cubierta de maleza. Sin embargo, detrás de esas puertas hay algo más emocionante. Los pasillos se adentran cada vez más en la ladera y conducen a salas llenas de pantallas y consolas cubiertas de luces parpadeantes, sensores, mandos, manillas y micrófonos. Si alguna vez has oído hablar del NORAD [Mando Norteamericano de Defensa Aeroespacial] de Colorado, este lugar es básicamente el NORAD de Hawái. Como país, teníamos una buena razón para tener un lugar así. Corea del Norte había lanzado misiles y desarrollado un arma nuclear, presumiblemente con el propósito de arrasar un lugar como este.

Ahora, volvamos a ese hermoso día normal en Hawái en enero de 2018. El hombre que atravesó las puertas dobles cometió un gran error. Un fracaso épico de veras. No chocó con otro auto en el estacionamiento sin informar del accidente para ir a cenar en el restaurante Denny. En cambio, durante un ejercicio de entrenamiento para verificar los sistemas de alerta temprana de la llegada de misiles balísticos intercontinentales, se distrajo y pulsó el botón equivocado. Cuando lo hizo, alertó a todo Hawái, y por extensión a todo el mundo, de que Estados Unidos estaba bajo ataque y debía tomar medidas de emergencia inmediatas. El mensaje que pasó por el Sistema de Alerta de Emergencia y por los teléfonos móviles de todos decía lo siguiente: «Amenaza de misil balístico entrante. Esto no es un simulacro». Seguro que recuerdan este suceso. Fue un momento aterrador para todos nosotros, que nos recordaron unos años atrás a Cuba en medio de la Guerra Fría. En ese entonces aprendimos que pulsar un botón equivocado podía activar una cascada de malas decisiones y acabar con muchas vidas en todos los bandos.

Esto no es un simulacro. Estoy seguro de que los ministerios de defensa nacional hablaban entre sí por teléfono. Amigos y residentes en Hawái se llamaban desesperados unos a otros, y la gente de las islas almacenaba comida y agua, y se dirigía a los túneles. La gente se escondió debajo de puentes y agujeros excavados a mano, mientras que otros se despedían. No me sorprendería que al presidente lo llevaran al búnker debajo de la Casa Blanca.

Después de un poco de revuelo y alboroto, pronto se informó de que la advertencia fue un gran error. Una vez que el mundo se limpió de forma colectiva la frente, todos estaban furiosos. Me vienen a la mente algunas frases que parecen captar de manera inadecuada la magnitud de la metedura de pata. El acto de presionar un botón por error tuvo implicaciones masivas para todo el planeta y trajo consigo consecuencias nefastas en potencia. Algunos fracasos son demasiado graves como para obtener un pase de acceso total, y el tipo que pulsó el botón equivocado fue tan despedido como puede serlo una persona. Dadas las circunstancias, todo el mundo parecía estar de acuerdo con eso. A fin de proteger su identidad, la Agencia de Manejo de Emergencias no publicó su nombre. Sin embargo, yo pude descubrirlo y le escribí una carta. Dentro del sobre había una oferta de empleo. No estoy bromeando.

¿Por qué le ofrecí trabajo a este hombre que tuvo un fracaso épico? ¿El hombre que activó el gesto propio de poner la palma de la mano en la cara en una muestra de exasperación? He aquí por qué: Lo hice porque no quería que este hombre pensara que era un fracaso solo porque fracasó. Solo se distrajo. Nos pasa a todos, solo que de diferentes formas. Esto es tan importante que lo voy a repetir: Él no era un fracaso solo porque fracasó, y tú no eres un fracaso solo por distraerte. Piensa en eso por un momento. Si alguna vez has fallado en algo, y supongo que lo has hecho, tu fracaso fue un evento, no tu nueva identidad. *No eres un fracasado por haber metido la pata.* Una distracción que resulta en un fracaso no significa que Dios te ama menos. Los errores son recordatorios de nuestra desesperada necesidad de Dios en nuestra vida.

¿Lo crees? ¿Lo puedes creer? La gente distraída de quien he venido hablando en este libro saben la diferencia entre un intento fracasado y ser un fracaso como persona. ¿Y tú? ¿Puedes entender la diferencia entre ambos? Descubrir esta distinción marcará la diferencia en tu vida y en la vida de las personas con las que te relacionas.

¿Por qué nos torturamos cuando las cosas van mal en lo grande y en lo pequeño? ¿Por qué acumulamos todas nuestras pequeñas meteduras de pata y las guardamos en los lugares secretos de nuestro corazón y en las bóvedas de la memoria de nuestra mente para almacenarlas por largo tiempo? Si eres como muchos de nosotros, tienes esa palabra dura o esa crítica que recibiste de un profesor o de un exnovio o exnovia, o de un jefe o de un total desconocido que se repite en tu cabeza. Si queremos avanzar cautivados por un inmenso propósito, tendremos que aprender una nueva forma de procesar estos recuerdos inútiles y superar nuestros intentos fallidos.

Voy a darte algunos ejemplos de personas que fracasaron de manera estrepitosa solo para recordarte que tenemos una buena compañía cuando parece que fracasamos.

- Tomás Edison inventó diez mil maneras de no tener un bombillo antes de inventar uno con éxito.
- La primera compañía de Bill Gates fracasó de forma irremediable. Se llamaba *Traf-O-Data*.
- A Walt Disney lo echaron del periódico debido a su falta de creatividad. Su primera empresa, *Laugh-O-Gram*, también fracasó. (A todos los empresarios que lean este libro, quizá no le pongan el nombre a su empresa *Dash-O-Dash*).

- Milton Hershey comenzó tres compañías de dulces que no triunfaron antes de fundar *Hershey's Chocolate*.
- Einstein no pudo hablar con fluidez hasta los nueve años, y no lo aceptaron como alumno en la Escuela Politécnica Federal de Zúrich.
- En un anuncio comercial de *Nike* a finales de los años de 1990, Michael Jordan dijo: «En mi carrera he fallado más de nueve mil tiros. He perdido casi trescientos juegos. En veintiséis oportunidades me han confiado hacer el tiro ganador y lo he fallado. He fracasado una y otra vez en mi vida, y por eso es que tengo éxito»[1].
- J.K. Rowling vivió en la pobreza mientras pasó siete años terminando de escribir la serie de Harry Potter, que rechazaron doce editoriales.

Está bien, me fui a la gente de primera con estos ejemplos. No todo el mundo va de fracasos épicos a superéxitos, de la pobreza a la riqueza, ni comienza empresas que transforman el mundo. Sin embargo, esta es la cuestión: Si crees que eres un fracaso porque fracasaste en algo, no entenderás lo más importante. Es así de simple. Yo he tenido algunos fracasos en lo personal y en lo profesional. He destruido mi avión y algunas relaciones que eran importantes para mí. He hundido una empresa y he pasado varios años poniendo a mi familia en segundo lugar porque pensé que estaba proveyendo para ellos sin darme cuenta de que no les estaba dando lo que más necesitaban: Yo. Una vez casi pierdo la camisa en un negocio de bienes raíces en Washington D.C., donde traté de darle un poco de paz a la gente en liderazgo y perdí toneladas de dinero en el camino.

Todos queremos que nuestras historias sean historias de triunfo, al menos hasta cierto punto. Queremos saber que toda nuestra labor prevalecerá al fin. Queremos ser Rudy, corriendo hacia el campo de fútbol y hacer la jugada ganadora después de años de nobles esfuerzos. Me encanta que seamos así. En cambio, ¿alguna vez has experimentado un fracaso total sin una luz de esperanza, sin una historia de regreso, sin un levantar de las cenizas? Algunos fracasos no se pueden deshacer, como el desastre del mísil de Hawái. Como humanos estamos programados para ver al villano y a la víctima en momentos así. Lo sé, yo soy de esa manera también. Los fracasos épicos pueden causar enormes daños y quebrantamientos. Sin embargo, escucha esto: Dios todavía nos ama. Dios todavía ama al herido y al preso. Dios va tras del pródigo y ama al fiel. Me alegro que este sea el corazón de Dios, pues su amor por los que no lo merecen es un recordatorio de su amor por mí, alguien que no lo merece. Así te ama, y así te amará siempre. Lo dije antes y lo digo otra vez: La gracia no parece justa hasta que la necesitas.

Cuando nuestro hijo Adam era bebé, teníamos una casa pequeña y estábamos remodelando una habitación arriba para que fuera cuarto de dormir. Tenía a Adam en mis brazos en la planta alta y oí que alguien tocó a la puerta. Cuando doblé la esquina para bajar las escaleras, pisé el cartel de Recién Pintado que se cayó al piso en el primer escalón. Mis dos piernas se deslizaron por debajo de mí. Salí volando y parecía que iba a estar saltando como un cisne por todo el tramo de escaleras.

Tienes que entender que todo esto sucedió en medio segundo. La gravedad trabaja así de rápido. En el instante en que me di cuenta de que iba a caer de cabeza por las escaleras con Adam en mis brazos, instintivamente estiré mis brazos detrás de mí y lo metí entre la pared y el primer escalón mientras mi trayectoria apuntaba hacia el primer piso. Como había puesto ambos brazos detrás de mí para mantener a Adam en su lugar, mi cara recibió el impacto de los doce escalones siguientes como el tripulante de un trineo de carrera que va de cabeza. Al final de las escaleras, era un desastre sanguinolento, golpeado y amoratado. Estoy hablando de Rocky Balboa cuando perdió contra Iván Drago. Tenía los ojos cerrados y gemía del dolor mientras que todo mi cuerpo me decía lo mucho que me odiaba. Mientras tanto, Adam estaba ileso, sonriendo y aplaudiendo desde el primer escalón arriba.

Algo parecido a la manera en que Dios protegió a Moisés en la hendidura de la roca mientras pasaba. O cuando pienso acerca de Jesús en la cruz, y veo a un Padre que nos protege. Jesús no puso los brazos hacia atrás como yo. Él los desplegó en una cruz de madera. Lo arrojaron a las profundidades por nosotros, mientras que nos escondía, hasta que terminó de recibir todo lo que era para nosotros.

* * *

Por años trabajé en un caso legal con mucho riesgo financiero para mis clientes. Cuando por fin terminé, reuní a mi familia y fuimos a celebrar a Disneylandia.

Lo que en realidad quería era chocar unos cinco con Mickey o Goofy.

Mientras tanto, mi asociado fue de camino para cerrar el caso con el cliente después de una larga batalla legal. Pasó por el banco y recogió un cheque de caja para dárselo al cliente. Después de entregar todo el papeleo y recibir las ganancias, se dirigió al campo de golf. No me interesa mucho el golf, pero a mi compañero le encantaba y pensó que una partida sería la mejor manera de conmemorar el final del caso y volver a un tren de trabajo más saludable. Puso el cheque en el bolsillo de atrás y salió a jugar.

En el noveno hoyo mi abogado adjunto recibió una llamada del banco a su celular; estaba en su *backswing* y la dejó ir al correo de voz. En el duodécimo hoyo recibió otra llamada a su celular del banco; esta vez estaba embocando y la dejo ir al buzón de voz. En el decimoctavo hueco recibió otra llamada del banco; estaba en la maleza (de nuevo) y la dejó ir al buzón de voz. Después, las llamadas entraban cada dos o tres minutos. Por fin tomó el teléfono.

—¿Qué? ¿Qué sucede? ¿Qué puede ser tan importante que me molesten toda la tarde? ¿No puede esperar al lunes?

Ni siquiera le dio a la voz del otro lado la oportunidad de decir algo. Resultó que era el presidente del banco.

—¿Tienes el cheque de caja que te dimos? —preguntó el presidente.

—Claro, está en mi cartera.

—Sácalo y míralo.

Se suponía que el cheque de caja era por un millón de dólares, una suma elevada en cualquier caso.

Excepto que el cheque que tenía por error lo emitieron por *mil millones* de dólares. Así es, mil millones con *m*.

Tiró el palo donde estaba y se puso la mano sobre la boca.

—¿Qué hago?

—Nada, quédate con él —le dijo el presidente.

Y vivieron felices para siempre.

Estoy bromeando. Eso es precisamente lo que no pasó. Mi asociado recibió instrucciones específicas para devolver el cheque de inmediato al banco, puesto que era igual que efectivo. Algo en mí se pregunta si no había francotiradores, helicópteros y drones vigilándolo mientras regresaba al banco, pero yo estaba en Disneylandia en la atracción de Dumbo, así que él estaba solo en esta.

¿Cuánto piensas que vale tu vida para Dios? ¿Un dólar? ¿Un millón de dólares? ¿Qué te parece mil millones? Para Él, no hay suficiente ceros para estimar *tu* valor. Esta es la promesa loca de Jesús para nosotros. Cuando fracasamos de manera desdichada, espectacular y épica, y cuando nos distraemos por las cosas menos importantes a nuestro alrededor, el valor de nuestras acciones con Él no baja. Tú y yo todavía somos la niña de sus ojos y el latir de su corazón. Para Él, tú y yo tenemos valor eterno; todos lo tenemos.

Habrá tiempos en nuestra vida cuando apretamos el botón equivocado en el trabajo, en una relación, con una o dos decisiones importantes. La inevitabilidad de un error no significa que duela menos. Es hora de dejar de actuar como si nuestros fracasos nos descalifican de alguna forma del amor de Dios, cuando en realidad estos reveses pueden llevarnos a una conciencia más clara. El sacrificio que Jesús hizo por nosotros significa que cualquier fracaso que podamos concebir está cubierto. Él lo ha tomado en la barbilla, y en sus manos y pies por nosotros. Cuando tropezamos, Él nos acuna en la seguridad mientras resolvemos las cosas. Tenemos que darnos cuenta de lo que ya tenemos en nuestro poder. Gracias a Jesús, podemos saber que nuestros fracasos no nos convierten en fracasados. Nos recuerdan que somos suyos.

13 LA NARIZ DE PINOCHO

Renunciamos a nuestro propósito cuando lo fingimos en nuestras relaciones para salvaguardar una falsa sensación de seguridad

Mis amigos y yo nos dirigíamos a los establos de nuestro centro de retiros llamado *The Oaks*. Entusiasmados por esta nueva aventura con gente que apreciaba, asumí el papel del anfitrión que quiere que sus invitados pasen un tiempo espectacular. Les señalaba mis lugares favoritos en la propiedad: las vacas en los campos, los edificios que remodelamos allí, el tobogán de agua y el viñedo a la entrada. En realidad, era como P.T. Barnum controlando el circo mientras conducíamos. Por dentro, sin embargo, sabía la verdad. Estaba un poco nervioso por subirme a un caballo, pues lo cierto es que sabía muy poco sobre caballos.

Desde que comenzamos el centro de retiros y llenamos nuestro establo de caballos, aprendí que hay una gruesa línea divisoria entre los caballos mansos destinados a paseos por senderos con viejos como yo y los purasangres rápidos como el rayo destinados a galopar rápido bajo las sillas de montar de jinetes entrenados. Los primeros son lo suficiente mansos como para montar a un niño; a los otros les sale humo por la nariz y hacen una audición para el Apocalipsis. Cuando mis tres amigos y yo llegamos al establo, pronto examiné la situación. Teníamos tres caballos mansos y un purasangre apocalíptico de carrera. Los tres primeros ya estaban ensillados, así que acompañé a mis amigos a sus caballos. Luego, tomé una montura para ponerla en el mío, haciendo todo lo posible por parecer que sabía lo que estaba haciendo. Intenté colocar bien la silla, pero me dediqué principalmente a tirar de las correas y a hacer nudos en todo lo que podía encontrar. Creo que tenía una correa sobre la oreja de este semental y otra atada a su cola. Traté de actuar con calma y hacer el papel para que mis amigos no se pusieran nerviosos por mí.

Cuando llegó la hora de cabalgar, mis amigos montaron en sus caballos con la misma tranquilidad y satisfacción que una perfecta tarde de primavera. Respiré hondo, agarré el cuerno de la montura y tiré una pierna sobre mi caballo de carreras. Fue entonces que todo se desarrolló con rapidez para mí. En el momento en que me subí a la silla, el caballo salió corriendo y corcoveando. No podía distinguir qué extremo estaba arriba porque mi cabeza temblaba con mucha violencia. Me aferré a la vida, sin saber que mi mejor manera de sobrevivir era salir de esa situación. Mientras más me mantenía en la montura, más se enfadaba el caballo, más saltaba y corcoveaba. No fueron ocho segundos de gloria. Más bien fueron treinta segundos con los pies de Bob volando sobre su cabeza mientras que su trasero chocaba con la montura. Al final, el caballo ganó la pelea y me lanzó. Por fortuna aterricé sobre mi cabeza, que es bastante gruesa.

Mis ojos estaban al nivel del suelo, y cuando recuperé mi capacidad de concentración, pude ver tres pares de piernas corriendo en mi dirección. No pude mostrarles que había sonado mi campana, así que salté sobre los pies, riendo. «Estoy bien, estoy bien», dije mientras me sacudía el polvo. «Sucede siempre. Hago esto todos los días. Es algo que hago en la mañana para sacudirme las telarañas. ¿Cómo me vi?». Mientras tanto, me secaba los ojos y las orejas para ver si salía sangre.

La cuestión es la siguiente: Sabía que estaba mintiendo. Sentía un dolor inmenso, tal vez con una conmoción cerebral, y quería encontrar el *jacuzzi*, el médico, las gasas y un frasco de ibuprofeno más cercanos. Mis amigos también sabían que mentía. Podían ver la mueca detrás de la sonrisa.

Después de eso, pasamos un buen día juntos, pero más tarde esa noche tuve que preguntarme: *¿Por qué* *no fui sincero con lo que sentía?* Podría haberles dicho a mis amigos: «Denme un minuto para recordar mi nombre». Sin embargo, en vez de ser real, fingí. Ser menos que auténtico no fue un motivo de orgullo para mí en ese caso, y apuesto a que tampoco lo es para ti todo el tiempo. Mi razón para estar tan alegre era simple: Todo el mundo vino a pasarlo bien, y yo no quería ser un aguafiestas. Así que en lugar de mostrar mi dolor, fingí.

Sé que actuar con rudeza después que te derriben de un caballo no es el ejemplo más importante. No obstante, ¿qué pasa con algunos de los otros problemas con los que lidiamos? ¿Tienes un amigo que esconde una adicción? ¿Tu hijo adolescente se vuelve vulnerable por sus miedos o se aísla temeroso de parecer «menos que» otra persona? A veces, la vida puede ser una carrera loca, y cuando nos caemos del caballo, todos sentimos la tentación de sacudirnos el polvo para evitar que alguien vea el dolor que llevamos dentro. Si queremos profundizar en nuestras relaciones, no podemos ser superficiales con nuestra autenticidad.

* * *

Y como estamos hablando de ser reales, me parece oportuno sacar a la luz a *Pinocho*. Si no creciste mirando esta película de Disney o escuchando la historia, aquí te doy un breve repaso. Pinocho es una marioneta hecha por un amoroso carpintero llamado Geppetto, un tipo de abuelo encantador que talla madera en su pequeño taller. Geppetto sueña con que Pinocho se convierta en un niño de verdad algún día, y la historia comienza allí, gracias a un hada madrina que le da vida a Pinocho con su varita.

Sin embargo, en vez de convertirse en un niño de carne y hueso, Pinocho continúa siendo un juguete de madera, solo que animado. Puede hablar, pensar y moverse, pero sigue siendo de madera. Me puedo identificar. Todos queremos ser más reales, ¿no es así? No tenemos un hada madrina que nos guíe, para eso está Jesús, pero la sabiduría que le da a Pinocho acerca del camino para convertirse en un verdadero niño todavía es muy cierta. Escucha lo que ella le dice: convertirse en un niño de verdad es ser «valiente, sincero y desinteresado». Mi teología es más amplia que esos tres atributos, pero los incluye. Piensa seriamente en recibir estas virtudes en tu vida y ser más sincero con la gente a tu alrededor.

Supongo que Pinocho podía ir a la biblioteca y leer libros de psicología. Podía entrevistar filósofos acerca de la esencia de la experiencia humana. Podía sentarse a tomar café con otros humanos y escuchar las historias de su vida. Sin embargo, nada de esto lo convertiría en un ser humano. Amasar información acerca de la vida y hasta de Dios puede ser seguro, pues puede crear una ilusión de progreso, pero no nos hace más reales. No te digo que deseches por completo la información; solo sabe que por sí sola no te llevará a ninguna parte. Es más, el simple hecho de amasar la información, analizarla y actualizar de manera constante tus planes puede ser una clase de distracción, de dilación de la verdadera vida.

Para ser más humano, debes darte a la tarea de ser más real. ¿Por qué no empezar siendo un poco más valiente, sincero y desinteresado como le dijo el hada a Pinocho y ver qué pasa? Mi apuesta es que esas virtudes abrirán el camino de las relaciones adecuadas, y esas amistades te guiarán a una vida más significativa, alegre y con propósito.

Es fácil subestimar y sobrestimar esta tarea. Déjame explicar. Volverse más real no tiene que ser un viaje extenso, como una caminata a través de un glaciar; puede ser tan accesible como un paseo por la calle o por el pasillo para amar a tu vecino. Prueba esto: Sé auténtico por completo con una persona hoy. Después, duplica tu alcance y la profundidad de tus conversaciones mañana. Los buceadores de esnórquel se quedan en los primeros metros de la superficie en sus conversaciones. Los buceadores de naufragios se adentran tanto como sea necesario para encontrar el tesoro. Te prometo que si exploras lo que hay debajo de todas las conversaciones superficiales, encontrarás algunas amistades para siempre, y cuando lo hagas, descubrirás la alegría y quizá hasta tu fe de nuevo.

No te desanimes ni te distraigas si tienes un par de reveses relacionales en el camino para volverte más real. No significa que seas pésimo con la gente. Significa que estás aprendiendo, como todos nosotros. No descartes que también pueda haber algunas personas que se porten mal contigo. Ten en cuenta a quiénes tomas como ejemplo. Lo curioso de las relaciones es que las personas que son muy malas en ellas suelen pensar que son las mejores. Identifica a estas personas en tu vida, y decide ahora mismo reducir en un nivel o dos la cantidad de influencia que tienen en tu vida.

Otra clave para ser más auténtico es hablar con franqueza sobre los hechos y detalles de tu vida. Esto es lo que quiero decir. Si deseas eliminar las distracciones y crear un capital relacional, no adornes lo que estás viviendo matizándolo de una manera u otra. Solo di la verdad. El pez no necesita ser más grande cada vez que cuentas la historia. Ve a leer la historia de Ananías y Safira en la Biblia y fíjate en cómo les fue[1]. Eran buenos, amables y generosos, pero no fueron sinceros acerca de *cuán* generosos eran, y eso les costó la vida.

No le des vueltas a los eventos de tu vida ni asumas que todo lo que dices o haces tiene que estar preparado para un comunicado de prensa. Sé amable, pero un poco desprevenido; di la verdad como la ves; arriésgate a decir en voz alta lo que de veras piensas sin pasarlo todo primero por un filtro de relaciones públicas. Cuando dejas ver tu verdadero yo, atraerás hacia ti gente que le gusta tu manera singular de ver el mundo. Esos son los que anhelan una verdadera relación con alguien como *tú*, no una relación con una versión de ti que no existe en realidad.

Si quieres despejar las distracciones de tu vida, regala actos de amor desinteresado. Haz las cosas sin llamar la atención ni hacer una reverencia. Jesús les dijo a sus amigos que estas eran las cosas que perdurarían. Haz que amar a las personas sea tu propia recompensa sin buscar aprobación o aplausos. Haz que los actos generosos de bondad sean tan naturales como respirar profundamente. Haz de esta la característica que te defina. Combina esto con la veracidad flagrante, y con actos de coraje y valentía, y serás tan real como cualquiera pueda llegar a ser.

* * *

Si queremos acceder a la vida más poderosa e impactante disponible, tenemos que ser implacables con los obstáculos que se interponen en nuestro camino. Esto es difícil y puede ser un trabajo confuso a veces. Para ser sincero, hubo temporadas en las que evité este trabajo por completo porque puede ser un esfuerzo agotador. Conozco a muchas personas, adultos muy bien intencionados que parecen muy bien organizados, que nunca se han hecho estas preguntas. Sin embargo, ¿adivinen qué? Sus vidas tampoco parecen tan interesantes, al menos desde mi punto de vista. Parece que solo se afanan por conseguir un día de paga, un auto rápido o una casa bonita, que lo único que intentan es llegar al fin de semana o a las próximas vacaciones, excluyendo todo propósito. Parecen estar repitiendo los guiones de las vidas de sus ambiciosos amigos... o quizá las vidas que sus padres vivieron antes que ellos. Es como un Día de la Marmota multigeneracional de distracciones que les aleja de la auténtica alegría.

Mira, todos empezamos con las manos que nos reparten. Algunas distracciones están fuera de nosotros y debemos responder a las que bloquean nuestro camino. Otras distracciones nos las implantan o colocan en nuestro corazón las personas en las que hemos confiado a lo largo de nuestra vida. Otras distracciones son esas con las que nos saboteamos a nosotros mismos. He visto que esto sucede más dentro de nuestras relaciones a nivel superficial. Aquí están mis preguntas: ¿Cuánta energía desperdicias al construir un mundo imaginario que esperas que te proteja? ¿Intentas controlar todos los resultados y protegerte de la enorme cantidad de incertidumbre que Dios ha introducido en la vida? ¿Estás cambiando lo que eres de veras por una caricatura de lo que eres?

Si alguna vez has oído hablar del perro de Pávlov, recordarás su trabajo sobre las respuestas condicionadas. Pávlov fue un científico que realizó un experimento en el que hacía sonar una campana y luego le daba comida a su perro. Al final, el perro acabó relacionando el sonido de la campana con algo bueno, que era la comida. No pasó mucho tiempo antes de que el perro de Pávlov comenzara a salivar cada vez que sonaba la campana, algo así como yo cuando huelo la *pizza*.

Después de suficientes experiencias, conectamos las cosas con los resultados esperados. Quizá veamos «la luz que se enciende» o «la campana que suena» y estamos condicionados para anticipar que algo bueno está por venir. De igual manera, después de algunas cosas malas que nos suceden, conectamos esas experiencias con resultados negativos similares. Por ejemplo, después de caernos del caballo, podemos declarar que jamás volveremos a montar. Nuestra mente y corazón están programados para reducir el dolor y la incomodidad, y aumentar el placer y la comodidad. La Biblia lo dice también. Acéptalo: Lo que hemos experimentado, tanto bueno como malo, le da forma a nuestra manera de anticipar lo que pasará después.

Algunos aplazamos nuestras celebraciones, nuestra felicidad y nuestra alegría a causa de algunos malos ratos vividos en el pasado. La solución requiere que primero entendamos por qué hacemos lo que hacemos. Si no somos conscientes de los motivos de nuestra conducta y nuestras respuestas condicionadas, no podremos hacer cambios significativos a fin de progresar como queremos. Claro, parece más fácil ignorar lo que causa el miedo, la aprensión o el estrés que sentimos, y esperar que los sentimientos desaparezcan o se resuelvan por sí solos, pero esta es la cuestión: Eso no sucederá. A veces el pasado no se quiere quedar en el pasado. No te alarmes cuando suceda esto. Recíbelo, compréndelo y sustituye una respuesta condicionada con una mejor, más racional, fiel y enfocada. Sustituye las acusaciones con empatía, la culpa con compasión, y la ira con gracia y perspectiva. Ese es el poder que Dios nos da a cada uno de nosotros si tenemos las agallas de ser nuevas criaturas. Solo tu nueva versión puede decidir no dejar que el pasado te siga dominando.

Pregúntate: «¿Qué es lo que no se puede aplazar más en mi vida?». ¿Estás posponiendo lo que sea debido a que te insultaron la última vez? ¿Tienes miedo? Yo también, a veces. La solución es ser realista al respecto. Llámalo. Di lo que es. Deja de castigarte por eso y, en su lugar, anímate. A continuación, sustituye esa vieja perspectiva con una respuesta más nueva y más adecuada, y dedícate a ser una versión más auténtica de ti mismo. Si haces este valiente trabajo, lo que te ha perseguido en el pasado ya no podrá ejercer control sobre ti.

Cuando miro la vida de Jesús, veo a alguien que estaba dispuesto a cuestionar si la forma en que sucedían las cosas era la forma en que las cosas tenían que seguir ocurriendo. Toda su vida estuvo dedicada a la tarea de cambiar la forma en que interactuamos con Dios. Para hacer esto, Jesús tuvo que volverse increíblemente vulnerable, real y presente. Reía, lloraba, rompía filas con las normas sociales de la época. Invitó a la gente que le rodeaba a hacer lo mismo, y sigue extendiéndonos esta invitación a nosotros: dejar nuestras ideas preconcebidas y las capas de protección con las que nos hemos atrincherado, ya sea la religión o el estatus social o el dinero. Jesús fue directo al meollo de la cuestión; eliminó constantemente las distracciones que le impedían a la gente verle por lo que era en realidad; y cuando le vieron, encontraron amor y un propósito más profundo. Él nos muestra cómo pasar de ser un juguete de madera a ser de carne y hueso.

Él te invita a hacer lo mismo. Rebélate a las tendencias; desafía la suposición del mundo de que mantendrás el *statu quo*. En su lugar, elige profundizar. Deja de limitarte a cumplir las expectativas de todo el mundo sobre lo que deberías ser. Haz un poco de ruido si lo necesitas. Decide que te transformarás de títere a ser humano. Descubrir y vivir tu verdadero propósito solo puede suceder cuando eres lo suficiente valiente como para cortar los hilos y ser real con un puñado de personas a tu alrededor.

Sin duda, el perro de Pávlov nos enseñó mucho, pero solo porque se «encienda la luz» o «escuchemos sonar una campana» con un encuentro o circunstancia conocidos, no podemos dejar que nuestro pasado tenga la última palabra. Es cierto que nuestro pasado nos puede apuntar en dirección del futuro, pero tenemos suficiente autoridad para declarar que el pecado no nos controlará. El juego no está arreglado, ni el resultado está predeterminado. Vive en un estado de anticipación constante de encontrar un nuevo equipo y una mejor respuesta que la que tuviste en el pasado. Claro que debes recordar el pasado y aprender de él, pero deja lugar para que Dios te muestre nuevas aventuras, un poco de gracia y algunos resultados nuevos. Vive una vida sorprendente de manera intencional.

Lo lamentable es que, durante el asedio de Leningrado, se comieron a los perros de Pávlov[2]. Apuesto a que no lo vieron venir. A medida que avanzas, te llegarán un par de cosas buenas, y unas cuantas malas también. No te apresures a responder con un montón de suposiciones sobre lo que sucederá después. Ten la cabeza bien puesta para ver otros resultados que puedan ser posibles, aunque sean improbables. Aprende del pasado y luego vuelve a vivir en constante anticipación de lo que Dios podría tener para ti a continuación.

14

LAS DESVENTURAS DE UN RECHAZADO EN SERIE

Ve las circunstancias inesperadas como sorpresas, y lo que parece una desilusión se convertirá en una invitación

Hay una organización que me encanta que llega a los jóvenes del instituto. Su misión es involucrar a los niños en el amor de Dios sin esperar que lo tengan todo bajo control antes de que les acepten. La razón por la que me encanta esta organización es porque yo fui uno de esos niños una vez. Uno de sus líderes causó un gran impacto en mi vida. Me conocía del instituto y es probable que pudiera presentir que me sentía fuera de lugar. Estaba contemplando dejar la escuela para buscar empleo. Un día, este líder estuvo presente cuando me aparecí en su puerta y, sin planes ni preparación, se fue de viaje conmigo aunque estaba recién casado. ¿Quién hace semejante cosa? Quizá deba pedirle disculpas a su esposa por ser un adolescente confundido, pero ella ya sabía eso de mí.

El impacto de este líder en mi vida lo cambió todo. Me quedé en el instituto y fui a la universidad. Me convertí en líder de la misma organización en la universidad e involucré a los niños para guiarlos en un curso de colisión con el amor de Dios, tal como alguien lo hizo por mí. Después de la universidad, yo quería trabajar en una de sus oficinas principales. Quería ser más que un voluntario con esta organización, así que recaudé los fondos para cubrir mi salario pidiéndoles donaciones a mis amistades y familia. No les costaría nada, así que parecía un buen negocio para todos. Estaba lleno de energía, comprometido con la misión de la organización y era muy bueno derribando barreras con los jóvenes.

Solicité el trabajo y me rechazaron de manera rotunda. *Espera, ¿qué?* No estaba enfadado, solo confundido y un poco herido. Nunca nos sentimos bien cuando nos exponemos así y escuchar cuando dicen: «No, gracias». Sobre todo cuando no les cuestas nada, literalmente no les causas riesgo, y no hay otros solicitantes para el trabajo. Nunca recibí una explicación satisfactoria. Reflexionando, ahora entiendo que no era muy bueno en recibir instrucciones, y es probable que ejercieran su buen juicio al rechazarme. No hubiera hecho todo lo que me hubieran dicho, y todos hubiéramos sido infelices. En ese entonces, no lo podía ver y me pareció un rechazo.

Si estuvieras en mi lugar, ¿cómo responderías a un revés así? ¿Te enfadarías y te quejarías? ¿Te desahogarías un poco? ¿Culparías a Dios o lo verías como las fuerzas de las tinieblas dispuestas contra ti? ¿O verías el rechazo como una oportunidad para aprender algo más sobre ti mismo, tomar un nuevo camino en tu vida y tal vez desarrollar un par de nuevas habilidades? Seré el primero en admitir que las decepciones inexplicables pueden minar nuestra confianza. Sin embargo, aquí está la cosa. No dejé que este rechazo se convirtiera en un factor de identificación en mi vida, y tampoco quiero que este tipo de contratiempos definan quién eres tú.

Algunas personas dejan que las desilusiones se conviertan en distracciones. No seas el tipo de persona que cae en esa trampa. Deja de pensar en lo injusta que puede ser la vida y convierte las desilusiones en lecciones y las decepciones en determinación. ¿Así que no conseguiste el trabajo que querías, la relación que deseabas o la oportunidad que sentías que te habías ganado? Cuando nos encontramos con contratiempos, podemos decidir ser el tipo de personas que se ocupan, no se amargan, y comienzan a moverse en otra dirección. Deja de pensar en la bola curva que perdiste y vuelve a concentrarte en el juego. Pronto te llegará otro lanzamiento. Prepárate para batearlo.

Como no conseguí el trabajo en la organización, decidí solicitar una plaza en la facultad de Derecho. Era ambicioso y optimista, y no iba a dejar que el desaliento me atrapara en el eje. Solicité entrada en por lo menos una docena de facultades, ¿y sabes cuántas me dijeron que sí? Piensa en un número redondo. Ninguna. Cero. Nada. Nada de nada.

Por último, después de una sentada, convencí a una de las facultades de derecho para que se arriesgara conmigo. Tres años más tarde me gradué y aprobé el examen de abogacía en varios estados. Bajé la cabeza, trabajé duro y me convertí en socio de un bufete de abogados de tamaño medio en San Diego. Al final, renuncié a ese trabajo para crear mi propio bufete de abogados. Por cierto, no pedí permiso para dejar la seguridad de mi trabajo, y tú tampoco necesitas permiso para dejar el tuyo. Elegí mi vida y retomé mi carrera en lugar de hacer lo contrario, que había visto hacer a tantos otros.

El bufete que puse en marcha funcionó muy bien durante los años siguientes. Crecimos con la incorporación de otros abogados y personal. Abrimos oficinas en varios estados y todo iba viento en popa. Nos especializamos en representar a organizaciones sin fines de lucro, y un día se me ocurrió la idea: *¿Qué pasaría si ofreciéramos nuestros servicios gratis a esa organización que me contactó en el instituto?* Tenían muchas propiedades, donantes y empleados, así que supuse que su papeleo y disputas legales serían inmensas. Pensar en ayudarles me hizo sentir bien, pues la organización todavía ocupaba un lugar especial en mi corazón. Acepté que no era el adecuado para unirme a ellos años atrás, pero tal vez ahora que era un abogado consumado, podría ahorrarles un montón de dinero. Además, lo haría *gratis*; entonces, ¿qué tendrían que perder? Los llamé para contarles acerca de esta generosa oferta, con la seguridad de que era una propuesta de lo más acertada. Escucha esto: Me rechazaron de nuevo. *Espera, ¿qué?*

Sin explicaciones (otra vez), pero sospecho que estaban satisfechos con los abogados inteligentes que ya tenían. Mi opinión es que el trabajo gratuito que ofrecí era un mejor trato, pero mi generosa oferta no necesitaba ser aceptada para seguir siendo importante, y la tuya tampoco lo es. Construir un caso contra otras personas cuando rechazan tus ofertas y disponibilidad solo te distraerá. En su lugar, opta por la obediencia. Superará al reconocimiento en todo momento.

Todo esto es solo una versión diferente de lo que tal vez ya te haya sucedido una docena de veces. No estoy molestándote aquí, pero ¿cómo sería diferente tu vida si consideraras los resultados decepcionantes como oportunidades atractivas? Porque la verdad es que Dios sabe *con exactitud* lo que está haciendo, y nunca se sorprende. Las decepciones a menudo son redirecciones divinas, pero a veces para llegar a donde quieres ir cuando el camino se desvanece, tienes que ponerte a trabajar y construir un nuevo camino.

Las desilusiones no te convierten en una víctima, sino que demuestran que eres un participante, y la participación es a lo que estamos llamados, no al éxito ni a los puestos de trabajo ni al reconocimiento. Incluso ante resultados que no quieres, tienes una agencia imparable e irrevocable para dar los siguientes pasos valientes. No te limites a estar de acuerdo conmigo en estas cosas; vive estas verdades con gusto. Puedes girar cuando quieras, sabiendo en última instancia que la afirmación y la validación que puedas desear solo pueden venir de Dios. Y aquí hay un titular magnífico e irrefutable: Él ya te aprueba.

No pude ser su empleado ni su abogado, así que decidí ser el amigo y buen vecino de esa organización. Si has leído alguno de mis otros libros, sabes que nuestra familia tiene una cabaña en Canadá que construimos al lado de un campamento de su propiedad. ¿Sabes por qué está ahí? Porque hace años conocí a una mujer especial que era líder, que cautivó mi corazón y cambió el curso de mi vida. (La conoces como la dulce María). El campamento y nuestra cabaña están rodeados de miles de kilómetros de bellos cedros vírgenes. A las compañías de explotación forestal les encantan estos árboles, pues pueden ganar mucho con ellos. A lo largo de los años, los madereros intentaron comprar los terrenos que rodeaban el campamento y nuestra casa para poder extraer la madera. Sin embargo, yo no podía soportar la idea de una ladera despejada en un lugar que se suponía inmaculado e inspirador para generaciones de exploradores.

Cada vez que mi bufete ganaba un caso grande, yo tomaba una porción de las ganancias y compraba parcelas de los bosques alrededor del campamento, hectárea por hectárea. Hice esto durante veinte años y terminé protegiendo gran parte del bosque en la ensenada, y luego le dimos gran parte de la propiedad a la organización que me rechazó tantas veces. Ahora es imposible que alguien arruine este lugar especial.

Dudo que hubiera podido hacer nada de esto si la organización me hubiera dado empleo hace tantos años de gratis, como empleado o como abogado. Resulta que soy mucho mejor vecino que empleado. Y al reflexionar en cómo tuve que vencer un obstáculo tras otro en el camino que pensé que quería, me apuesto que Dios sabía el resultado. Estas desilusiones que pensé que eran piedras de tropiezo para mi ambición estaban preparando el camino para algo que quería aún más: resultados que probaran ser mucho más duraderos. Si algo no resulta como quieres, no te amargues. Sé creativo. Contraataca la desilusión con imaginación, visión y trabajo duro. Más tarde encontrarás la manera de satisfacer tus buenas intenciones.

Supongo que lo que estoy diciendo sea esto: No te distraigas con los retrasos. Al contrario, empieza a contar con ellos, a apostar por ellos, a aceptarlos y disfrutarlos. No maldigas el viento; deja que llene tus velas. Si has perdido tu trabajo, sé que puede ser un momento estresante. ¿Qué pasaría si pudieras convertir el tiempo entre trabajos en el tiempo de vacaciones que nunca antes pudiste tener? Tal vez puedas reformular una parte de tu desempleo como empleo de diversión. Lo entiendo; estás pensando que todo esto es más fácil de decir que de hacer, ¿y sabes qué? Tienes razón. Sin embargo, las personas que entienden el poder del propósito y la alegría lo hacen de todos modos. Se han liberado de la idea de que todo va a salir como lo planearon, y están disfrutando del delicioso e incierto viaje.

* * *

Cuando era joven, una parte de mi vida en la que tuve que practicar una fe extrema fue en la de las relaciones románticas. Yo era lo que algunos llaman una «persona de desarrollo tardío» en lo que respecta a las citas.

No estoy seguro de que esta sea una forma precisa de describirme. Hay una flor llamada «flor cadáver». Es la flor más grande del mundo y tiene ese nombre debido a que huele muy, pero muy mal, y solo florece una vez cada cuarenta años. Así me sentía con mi vida amorosa; apestaba a eso. Quizá también debí haberme duchado más a menudo. ¿Quién sabe? De seguro que había más bulbo que flor en mí.

Mi ambición en la secundaria era salir en una cita. Nunca sucedió, pero tenía mucha esperanza para el instituto. Mi ambición tampoco se materializó allí de ninguna manera significativa, pero bueno, me quedaba la universidad, ¿cierto? Me las arreglé para exprimir cuatro años de universidad en cinco, pero seguí sin tener suerte con las citas. Conocí a la dulce María durante el segundo año de la facultad de leyes y me enamoré de inmediato. Ella formaba parte de la misma organización que me rechazó tantas veces, así que sabía que teníamos mucho en común. En lo más hondo de mis huesos sabía que ella era la que yo había esperado desde antes de tener acné. Después de cruzarnos varias veces, le pedí que saliera conmigo.

Hasta el día de hoy, estoy convencido de que todas las mujeres han tomado la misma clase para aprender a decir que no, pues eso fue lo que dijo con exactitud la dulce María. No fue desagradable al hacerlo, y seguimos siendo amigos. Sin embargo, aquí está la cosa. Yo sabía lo que quería y fui tenaz, así que seguí buscando más oportunidades de estar en su órbita. Cortejar a la dulce María me parecía un propósito digno, y mientras lo hacía, no me distraía en absoluto la fuerte posibilidad histórica, si no la certeza, de que no resultaría.

Me enteré que la dulce María estaría en un campamento en las montañas cercanas dirigiendo a diez chicas del instituto que irían de voluntarias a un retiro de damas un fin de semana. No soy tonto y vi una oportunidad. De inmediato, reuní a diez chicos para ir de voluntarios al campamento y así tendría una oportunidad de estar cerca de la dulce María sin parecer un acechador. La primera noche del retiro, el marcapasos de una anciana se detuvo, y cayó de bruces en sus espaguetis. Se fue, y no solo un poco. Se fue de lleno, hacia la luz, ascendió al cielo, se encontró con San Pedro, se fue con F mayúscula. Sin embargo, escucha esto: Yo sabía cómo hacer la reanimación cardiopulmonar, o RCP, así que durante los siguientes treinta minutos, le bombeé el pecho y respiré en sus labios estrujados hasta que llegó la ambulancia. Y resultó. La señora que se cayó abrió los ojos mientras nuestros labios se encontraron otra vez y ambos nos dimos cuenta de que no estaba muerta. Ese no fue ese primer beso con el que había soñado ese fin de semana, y aunque no fue todo un evento al nivel de Lázaro, fue lo suficiente para llamar la atención de la dulce María. Debió haber pensado: *Este tipo no es gran cosa, pero puede ser útil en un apuro*.

Alerta sobre desvelar el final: Persistí y, a la larga, recibí ese primer beso de la dulce María. Treinta y tres años de matrimonio y tres hijos después, nos enteramos de que aquel campamento donde todo comenzó estaba en venta. No había vuelto en casi cuarenta años, y no se había renovado ni actualizado por mucho tiempo. Se veía más que un poco desgastado alrededor de los límites. En algunos lugares olía como si trescientos chicos de catorce años hubieran vivido allí durante décadas sin ducharse. Con unos buenos amigos compramos el campo, sacamos las ardillas de las paredes, desmontamos las habitaciones hasta los montantes y movimos algunas paredes para convertir las habitaciones en *suites*. Sustituimos las literas de madera con camas dobles, trajimos muebles de piel y colgamos cuadros de óleos en cuanta pared vacía encontramos. Convertimos el lugar en un centro de retiro de lujo realmente hermoso, y estábamos emocionados de abrir las puertas y darles la bienvenida a las personas al descanso y la claridad que necesitaban. Sabíamos que sería un lugar donde las personas podrían alejarse de las distracciones en sus vidas y encontrar de nuevo su alegría.

Escogimos una fecha de apertura, y comencé a inflar los globos, que es lo que hago cuando me emociono y no sé qué hacer. «Va a ser espectacular», le decía una y otra vez a cualquiera que estuviera dispuesto a oír. Estábamos llenos de una expectación casi irresistible. La pandemia de COVID-19 y los cierres posteriores ocurrieron un mes antes de la fecha prevista para la apertura del Centro de Retiro Oaks. Pasamos de las grandes visiones y los grandes planes a unos seis mil metros cuadrados de edificios vacíos en más de ochenta hectáreas en el sur de California, lo que no es barato. Teníamos más plantas arrastradas por el viento en el centro de retiro que personas, y perdíamos una cantidad de dinero impresionante de veras cada mes. Pasaron casi dos años antes de que pudiéramos recibir invitados en nuestro centro de retiro.

Esto no te sucedió a ti, por supuesto, pero una versión de esto nos sucede a todos en diferentes momentos y de diferentes maneras. En algún momento, tenemos una idea estupenda, estamos deseando lanzarla al mundo y parece que todo va de maravilla, justo hasta que no es así. ¿Entiendes lo que quiero decir? Así pasa muchas veces en la vida, y necesitamos inventar una estrategia con antelación a fin de lidiar con las desilusiones. Si no lo hacemos, estaremos tan distraídos por las catástrofes momentáneas que perderemos las posibilidades que residen justo al lado. Cuando suceda lo inevitable, niégate a darle a Dios la lista de tus quejas. En su lugar, haz un inventario de lo que ya tienes y de lo que ya está junto a ti.

Al lado de *The Oaks* había un bello valle con un campo inmenso. En un momento dado, formó parte de un famoso centro de carreras y entrenamiento de caballos que obtuvo dos ganadores del *Derby* de Kentucky. El campo tenía una granja abandonada, una pista de carreras de caballo y cuarenta hectáreas de pastizales. En lugar de centrarnos en el centro de retiros que no funcionaba, nos pusimos a trabajar en un nuevo plan. Conseguimos la propiedad de los caballos, la convertimos en parte de nuestro centro de retiro y contratamos a un entrenador de caballos llamado Efrim. Es como un centauro. Mitad hombre, mitad caballo. Al menos eso parece por lo mucho que sabe de caballos y lo bueno que es con nuestros huéspedes. La gente ahora nos envía sus caballos de todo el mundo para que los pueda entrenar. Cuando nos encontramos con un obstáculo en el campamento, en lugar de abandonar el sueño, miramos hacia lo que ya tenemos junto a nosotros.

Antes de comenzar el centro ecuestre, mi única interacción con caballos fue frente a una tienda de víveres a los cinco años. Estaban hechos de fibra de vidrio, y se mecían hacia atrás y hacia adelante por unos minutos cuando les echaba una moneda. Nunca había estado montado en un caballo ni le había dado de comer. Cuando los caballos comenzaron a llegar, no sabía por qué lado ponerles la paja. Aun así, ¿sabes qué? Lo descubrí, y tú descubrirás lo que necesitas saber para seguir avanzando.

Todavía estábamos perdiendo una fortuna con un centro de retiro vacío, pero estábamos ganando con el entrenamiento de caballos. Aun cuando las circunstancias apuntaban en otra dirección, resistimos la necesidad de aterrarnos o distraernos por lo que no estaba funcionando. No esperamos a que nos dieran permiso para pasar de nuestra hermosa visión fallida a una que fuera viable; nos pusimos a trabajar para encontrar la posibilidad que teníamos justo al lado. Puedes apostar tu vida en esto: Tus ideas atrevidas y las desilusiones que experimentes serán albahaca de gatos para nuevas oportunidades y caminos adicionales hacia tus ambiciones duraderas, si solo tienes el valor de no ceder.

Una vez que pusimos en marcha nuestra operación de caballos, una mujer llamó y me dijo que tenía un caballo de carreras para darme. *Fantástico. Tengo un granero para ponerlo, así que eso es perfecto.* No tenía ninguna pregunta inteligente que hacerle sobre el caballo, así que para llenar el tiempo muerto le pregunté de qué color era. Al día siguiente dejó el caballo y resultó ser marrón con la cola negra. Acabo de contarte todo lo que sabía sobre el caballo.

Ese mismo año, alguien dijo que ya era hora de pensar en la cría de algunos de los caballos que habían llegado. Investigamos el linaje del caballo marrón y negro que me regalaron, y mira por dónde: Resulta que es el tataranieto de *Secretariat*, el ganador de la Triple Corona y uno de los caballos más famosos de la historia de las carreras. No es broma. Llamamos a la mujer y le preguntamos si sabía que el caballo de carreras que me dio era de la realeza. Hizo una pausa y dijo: «Sí, solo quería sorprenderte». *¡Vaya! ¿Quién se lo hubiera imaginado?,* pensé.

¿Y si el cielo está deseando sorprenderte ahora mismo? ¿Y si el plan de Dios para ti es la ausencia de cualquier plan claro? Si supieras todo lo que tienes que hacer, ya no necesitarías la fe. Practica no asustarte mientras ves cómo se desarrollan ante ti las circunstancias inesperadas que te presenta Dios.

Todos probaremos cosas. Algunas darán resultado y más de unas cuantas no. Considera lo que ya te conté en este capítulo. Estas aventuras y desventuras no solo involucraron campamentos, citas amorosas y caballos; han abarcado carreras, relaciones y aventuras empresariales. Déjame señalarte lo obvio. Conseguirás algunos de los trabajos que quieres y en otros te rechazarán de plano. Igual pasa con las relaciones. Si eres tan malo en cuestión de citas amorosa como yo, tal vez sea el doble. No te engañes pensando que todo lo que te sucede es una batalla cósmica entre el bien y el mal. El autor G. K. Chesterton dijo: «La idolatría no solo se comete al establecer falsos dioses, sino también al establecer falsos demonios»[1].

Dios tiene el control de todo, pero tenemos que dejar de distraernos pensando que podemos controlar todos los resultados de nuestra vida. En lugar de distraernos con las sorpresas, tenemos que asumir la responsabilidad cuando sea necesario y actuar cuando podamos. Los errores que cometemos no son escenas eliminadas para corregir *de* nuestras vidas; son marcadores de los lugares donde aprendemos más *acerca* de nuestras vidas. Hace unos días escuché esto: «La experiencia es lo que ganamos en el momento en que la necesitamos»[2]. Puedo identificarme. No podemos controlar los resultados de las cosas, pero podemos influir en ellas si no nos distraemos y si anticipamos que Dios no solo está frente a nosotros y detrás de nosotros, sino también a nuestro lado y con nosotros. Esto necesita todo el enfoque, la paciencia, determinación y perspectiva que puedas reunir. No dejes que la sorpresa y los resultados inesperados te roben la oportunidad de adquirir experiencia y sabiduría. Créeme, tal vez la necesites para tu próximo intento.

Si eres como yo, la forma en que se desarrollan las cosas en tu vida puede parecer a veces un hilo continuo de inexplicables noes. Sin embargo, puedes elegir ver estas circunstancias como síes a lo que está junto a ti por dos razones: Dios te tiene a ti, y tú tienes esto.

15

DEJA DE PERSEGUIR AL CABALLO

Todo lo que necesitas está mucho más cerca de casa de lo que piensas

Un amigo escuchó acerca del contratiempo que teníamos con el cierre del campamento y nos mandó una película llamada *Un lugar para soñar.* Si no la has visto, hazte un favor y mírala pronto porque te va a encantar. Hay una escena en la que el padre que acaba de enviudar le explica a su hijo confundido y angustiado cómo es la vida. Le dice con la voz de un padre preocupado y cariñoso: «Todo lo que necesitas es veinte segundos de loca valentía. Solo veinte segundos de loca valentía y te aseguro que algo magnífico resultará»[1]. Estoy de acuerdo. Y mis preguntas para ti son: ¿Qué pasaría si tuvieras veinte segundos de loca valentía? ¿Qué le harían a tu vida veinte segundos de loca valentía?

No muy lejos de *The Oaks* había un hombre rico que tenía un rancho enorme donde criaba caballos de carrera. Decidió vender sus instalaciones y encontró a otras personas ricas que le compraran sus caros caballos. Un día, estuve en su rancho para comprar un esparcidor de estiércol usado. Me encantó saber que por la tarde sería por fin el tipo del tractor verde John Deere que tiraba de un gran equipo por la autopista entorpeciendo el tránsito. Sonreí al pensar en el magnífico viaje que emprendí desde un abogado litigante hasta mi papel mucho más encantador y adecuado como peón de rancho. Con mi esparcidor de estiércol a cuestas, sabía que debía haber un chiste de abogados en alguna parte.

Solo le quedaba un caballo de carreras por vender. Ese caballo me llamó la atención porque era *enorme*. Te digo, tan enorme como para *bloquear el sol*. Hacía que los demás caballos parecieran caniches en miniatura. Estaba seguro de que podría poner un letrero en el camino para que la gente viniera a verlo, como el Ovillo de Hilo más grande del mundo en Kansas o el Palacio de Maíz de Dakota del Sur.

Los caballos se miden en manos, que es exactamente lo que parece. Es una práctica antigua cuando no existían herramientas uniformes de medidas. Hoy una mano se considera 10,2 centímetros, que se mide entre el suelo y la parte inferior del cuello. Este caballo medía diecisiete manos, que es como un pívot de 173 centímetros en el baloncesto. La altura total de este caballo desde el casco a la cabeza era de más de 2,44 metros. De cualquier forma que se midiera, este era un animal imponente.

El dueño preguntó si quería comprar este caballo enorme, y yo reí mientras sacaba mi billetera. Tenía un dólar, lo saqué para que supiera que eso era todo lo que tenía a mano.

—¡Vendido! —me dijo sin vacilar.

—¿De veras? —contesté asombrado.

—Sí, es todo tuyo.

Evidentemente, el motivo por venderlo tan barato era que el caballo se había lesionado un tendón en una de las patas, y su dueño pensó que sus días de carrera habían terminado.

Después de hacer el negocio hicimos arreglos para trasladar el caballo, y me di cuenta de que no había pensado en un pequeño detalle. Los remolques para caballos están hechos para caballos normales. En cambio, este era como un caballo-jirafa, y no teníamos un remolcador lo bastante grande. Después de engatusar, atiborrar y apretar, finalmente lo metimos en el que teníamos y lo llevamos de vuelta al centro de entrenamiento en *The Oaks*. Le puse por nombre Red [Rojo], pues ese es su color y porque llamarlo «gran caballo de un dólar» parecía demasiado genérico y era como dejar la etiqueta del precio en tu auto nuevo.

Antes de ponerle una silla de montar a Red, lo saqué a pasear sujetándolo por su cuerda. Mientras caminábamos por uno de los pastos cercanos, Red se asustó y se paró sobre las patas traseras. Antes era grande, pero ahora era gigantesco y daba miedo. Yo estaba parado debajo pensando si debía añadir «atropellado por un caballo» a la lista de experiencias vividas. Por un segundo, con los cascos en el aire, parecía que estaba preparándose para repartir cartas. Entonces, bajó las patas, gracias a Dios que no fue sobre mí, me arrancó la cuerda de la mano, y salió galopando por el campo de cuarenta hectáreas. Sin saber qué hacer, comencé a correr tras él.

No pasó mucho tiempo antes de que, totalmente sin aire, me diera cuenta de la absoluta ridiculez de esta carrera. Es probable que yo no pudiera agarrar a un caballito de carnaval, mucho menos a este caballo de carreras. Me detuve, me doblé y tragando bocanadas de aire pensé: *¿Qué estoy haciendo?* En vez de continuar persiguiendo al caballo por el pastizal, volví al establo y agarré varias zanahorias, no para él, sino para mí. Quince minutos más tarde, Red regresó al establo.

Te cuento esta historia, pues ese episodio me enseñó una lección importante acerca de las distracciones. Me di cuenta de que a veces es necesario dejar de perseguir al caballo y volver al establo.

¿Qué has venido persiguiendo? ¿La aceptación? ¿La popularidad? ¿Una relación? ¿Qué tal un trabajo o una carrera de ensueño? ¿Has estado corriendo por los campos de tu vida buscando permiso, validación o aprobación? ¿Qué pasaría si dejaras de correr tras cosas que nunca vas a atrapar y volvieras a lo básico de tu vida: tu fe, tu familia, tu propósito, tu alegría y tu vida más auténtica? En otras palabras, vuelve al granero y deja de perseguir las cosas que no vas a atrapar o que no vale la pena acorralar de todos modos.

Volver al granero no significa que te falte ambición, ni que estés renunciando a cosas que son importantes para ti. Solo significa que te estás volviendo más seguro acerca de para lo que te creó Dios. Imagínate las posibilidades si le pusieras freno a tu vida actual, te reagruparas, recuperaras el aliento y volvieras a lo básico, pues ahí es donde ya reside lo bueno en tu vida.

Hay una carta en la Biblia que Pablo les escribió a judíos cristianos. En ella les recordó que estaban rodeados «de una multitud tan grande de testigos»[2]. Me gusta la gráfica. Pablo les dijo que dejaran a un lado todo lo que los detenía, les era tropiezo o los cansaba, y que fijaran la vista en lo que Dios tenía para ellos. Si encuentras el pasaje, notarás que Pablo no los exhortó a mirar lo que Dios estaba haciendo en la vida de otros y lo compararan con la suya. Es como si Pablo les dijera (y a nosotros también) que dejaran de perseguir al caballo y volvieran al establo. ¿Y si para ti el establo es donde pierdes las distracciones, te rodeas de gente segura y encuentras nueva claridad acerca de lo que es importante de veras?

Estaba seguro de que mi nuevo caballo encontraría el camino de vuelta al establo, pero no sé si lo harás tú, pues la decisión es tuya por completo. Entonces, ¿qué dices? Vamos a llevarte de vuelta a un lugar seguro al que puedas llamar hogar. Puede que descubras que las cosas que has estado desesperado por alcanzar podrían encontrarse allí si dejas de correr tanto.

* * *

Cuando estaba en la universidad, pasé un par de meses haciendo autostop como forma de conocer el país. Eran otros tiempos y mucha gente de mi generación viajaba así. Es difícil imaginar que la gente sea tan confiada ahora. Llegué a Nueva Inglaterra y a menudo viajaba entre completos desconocidos. Algunos eran amables y generosos; otros eran solo extraños. Aun así, yo estaba feliz siempre que llegara a mi destino sin que sucedieran demasiadas cosas espeluznantes. Además, yo también me veía un tanto espeluznante como un chico de diecinueve años con el cabello rojo encendido hasta los hombros, vaqueros rotos y una camisa teñida. No necesitaba mucho, solo transporte, una menta para el aliento y, a decir verdad, me hubieran servido bien un par de botas que me ayudaran a pasar el invierno, pues mis destartaladas zapatillas de deporte se estaban cayendo a pedazos.

Cuando alguien se detenía para llevarme, trataba de evaluarlo antes de subirme al auto; sin duda, ellos intentaban hacer lo mismo conmigo. En las afueras de Bangor, Maine, levanté el pulgar durante mucho tiempo antes de que una camioneta se detuviera con un hombre mayor y más pequeño al volante. Tenía ojos amables, e incluso sus pobladas cejas y su barba me parecieron amables. No estoy seguro de por qué, pero así fue. Me subí al asiento del pasajero. «Me llamo Don», dijo el conductor, extendiendo la mano un poco tímidamente. Al parecer, Don no tenía apellido, y me pareció bien. Como Jesús, McGyver o Cher, supuse.

Conversamos por el camino. Me preguntó acerca de mis aventuras y yo le pregunté acerca de su vida. Me sorprendió lo que aprendí. Don me dijo que era un ermitaño y que vivía solo en el bosque. *Entonces, ¿qué haces aquí recogiéndome?*, pensé al instante. No miento; pensé que esto no terminaría bien. Si hubiera habido pódcasts en esa época, me hubiera imaginado ser el sujeto de un programa de ocho capítulos acerca de un adolescente joven y feliz secuestrado por un ermitaño.

En realidad, ahora parece bastante atractivo. Tal vez lo lleve a Netflix.

Había oído hablar de los ermitaños, pero nunca había conocido a ninguno. Sentí mucha curiosidad por Don. ¿Cómo era su casa? ¿Tenía una casa? ¿Tenía una mascota? ¿Era un cangrejo ermitaño? Solo digo que habría tenido sentido. ¿Hablaba con las ardillas? ¿Podía jugar a la guerra de pulgares consigo mismo? Mi mente iba a toda velocidad.

No me había dado cuenta del tiempo que estuve esperando a que me llevaran, pues en cuanto subí a la camioneta de Don, empezó a oscurecer. Pronto sería de noche y no había llegado a ningún destino donde pudiera pasar la noche. Don debe haber estado haciendo los mismos cálculos. «Pronto oscurecerá. ¿Tienes un lugar para quedarte esta noche?», me preguntó. Respondí que no, y con indiferencia me invitó a quedarme en su casa. Allí estaba yo de pasajero con un hombre que parecía una mezcla de Sam Bigotes y Papá Noel. En un momento de brillante tontería, acepté su invitación.

Condujimos un rato más y se hizo de noche por completo. Su entrada era un camino de grava sin señalizar que salía de una carretera estatal de dos carriles. Si me metía en serios problemas, no tendría forma de comunicar dónde estaba. No que importara, pues mientras bajábamos por el estrecho «camino de entrada» a su casa, Don me dijo que no tenía teléfono. Ni electricidad. Ni tuberías de agua. Se abastecía de un tanque de propano que solo era suficiente para calentar un pequeño horno. Sacaba el agua con un cubo de un pozo situado detrás de la casa y hacía trueques con sus vecinos para conseguir todo lo que necesitaba. Hablando de una vida sin distracciones.

Por fin llegamos, y el aspecto de la casa era probablemente el que se esperaba. Se trataba de una choza pequeña con un techo inclinado colgando del portal del frente. Solo tenía una ventana junto a la puerta del frente con una débil luz de batería que alumbraba el matorral de los alrededores. Estaba un poco nervioso pensando cuántas camas habría dentro. Dudaba que pudieran caber más de dos catres. Don se acercó a la estructura, salimos de la camioneta, y cerró la puerta detrás de nosotros cuando entramos.

Como es obvio, ya que estoy escribiendo acerca de esto, no morí. Es más, pasé un tiempo ameno con Don. No estaba seguro de cómo irían las cosas, pero mi sorpresa fue agradable. No pasé solo un día con Don. Pasé un mes.

Te preguntas por qué me quedé tanto tiempo. No estoy seguro de tener una respuesta clara. Era joven y en busca de aventuras. Tampoco tenía otro lugar al cual ir. Yo era pobre, y resultó que Don era bondadoso y amoroso. Nunca me enteré por qué era ermitaño ni si tenía otra persona en su vida. Sin embargo, el hecho de invitarme a su casa me sugiere que necesitaba un amigo, como todos nosotros hasta cierto punto. Yo era un chico curioso, y mientras mi vida no corriera demasiado peligro y viviera una aventura, estaba dispuesto a cualquier cosa, en cualquier momento y en cualquier lugar, incluida una estancia prolongada en lo que empecé a considerar como el Hotel Ermitaño: «Donde los catres son gratis y no hay que tirar de la cadena del inodoro».

Pronto, Don y yo adoptamos un ritmo diario con los quehaceres divididos entre los dos. El día comenzaría con la fabricación de candelabros que más tarde dejaríamos en las casas de diferentes personas. Hacíamos las bases cortando piezas redondas de cobre que luego martillábamos contra un tronco de árbol con una hendidura. Entonces, calentábamos varas de bronce con una antorcha y las doblábamos antes de soldarlas en un plato redondo para recibir la cera que caía. Por último, cortábamos un tubo de cobre para hacer un anillo que sostuviera la vela de cera en su lugar y lo soldábamos. Ordenábamos la casa, hacíamos un desayuno simple, entregábamos los candelabros, y mucho más tarde leíamos un poco. Era mágico en su sencillez, y éramos prácticamente una pareja.

Cuando entregábamos los candelabros, cada familia nos invitaba a tomar lo que necesitábamos de sus huertos o montones de leña. Una casa era famosa por su huerto grande de ruibarbo. Recogíamos los tallos que llevábamos a casa, y hacíamos tartas de ruibarbo que entregábamos a la mañana siguiente a cambio de más vegetales, barras de jabón, lápices y mantequilla. Teníamos casi todo lo que necesitábamos (excepto papel de baño). En una ocasión, Don canjeó varias tartas por un neumático de camión usado, y otra vez, por una batería de auto. Las tartas que hacíamos eran para nosotros como bitcoines saturados de azúcar. Descubrí que así era que Don soportaba su vida de ermitaño: usando lo que tenía o sabía crear para obtener cualquier cosa que necesitara.

* * *

Creo que casi todos nosotros queremos que nuestra fe sea más real, más dinámica y mejor conectada a los que nos rodean. El problema es que no usamos lo que ya tenemos para obtener lo que necesitamos en realidad. Nos complicamos la vida y nos distraemos con cosas que no nos hacen falta ni queremos. Vivimos en una comunidad de gente, pero lo hacemos como ermitaños. Tenemos familia que nos ama, pero vivimos como si estuviéramos solos. Creemos que podemos cambiar la buena conducta por la gracia de Dios, pero no podemos, y aun cuando tratamos, parecemos huérfanos. Todos queremos que parezca que nuestra fe está funcionando, pero pasamos por alto la belleza y la autenticidad de permitir que las personas que nos rodean sepan cuando estamos perdidos y sufriendo.

Supongo que lo mismo sucede en nuestras comunidades de fe todos los días. Queremos saber en quién podemos confiar y de quién debemos pasar de largo, con quién debemos ir y a quién debemos evitar. En resumen, todos intentamos averiguar cómo vivir nuestra fe y con quién hacerlo. Dios no nos ha dejado solos; nos ha dado los unos a los otros. Nos ha dado comunidades de fe con las que profundizar, y nos ha dado a su Hijo. En otras palabras, no tenemos que vivir como ermitaños. Necesitamos volver a la verdadera versión de nuestra fe y a la versión más auténtica de nosotros mismos.

Hay muchos cristianos que viven como ermitaños en su expresión personal de la fe. Quizá en algún momento se distrajeran y comenzaran a ocuparse más de la apariencia de su fe que de lo que era en realidad. Quizá sus opiniones acerca de las personas con quienes no estaban de acuerdo comenzaran a bloquear la vista de esas mismas personas que Dios creó a su imagen. Posiblemente se quemaron en el camino por alguien que decía seguir a Jesús, pero que actuaba de otra manera; alguien que decía amar a Dios, pero actuaba como si no le gustara la gente que Él creó.

Era otoño en Maine y las hojas empezaban a cambiar de color. Era hora de marcharme, y pronto Don me llevaría a la autopista para que pudiera empezar a hacer autostop hacia el sur. Los dos nos levantamos temprano, comimos grandes trozos de tarta de ruibarbo, nos metimos en su camioneta y nos dirigimos a la entrada de grava. Nos despedimos y, cuando salí del auto, Don metió la mano detrás del asiento trasero y me entregó una bolsa. Dentro había un par de sus botas para cubrirme durante el invierno. Todavía las tengo. Fue un tierno recordatorio de que si estamos dispuestos a estar presentes, Dios proveerá lo que necesitamos y a alguien con quien compartirlo.

Todos corremos tras algo, y algunos pasamos una rarísima cantidad de tiempo huyendo de algo. Cuando reflexiono acerca de aquel tiempo de mi vida, me pregunto qué perseguía y si valía la pena lograrlo o si hubiera sido mejor dejarlo ir. Me apuesto que conoces esa sensación, y no importa que no la hayas descifrado aún. Es más, si piensas que sí, comenzaría a preocuparme. Incluso en la universidad sabía en el fondo que no quería una vida típica. Quería vivir fuera de los esquemas. Con Don acabé viviendo también fuera del guion, solo por un tiempo. El día que le conocí, todo lo que pensé que necesitaba era un viaje y un par de botas. Dios me dio mucho más que eso, y me mostró también cómo profundizar mucho más en mi fe. Tanto

Don como yo necesitábamos arriesgarnos un poco para aprender esas lecciones. Si quieres profundizar en tu fe, quizá también necesites arriesgar algo. El tiempo que pasé con Don me demostró que salir de las distracciones típicas de la vida podía aclarar hacia dónde quería ir. Inténtalo alguna vez. Tal vez no necesites sacar el pulgar y empezar a hacer autostop, pero quizá puedas sacar la mano y saludar a un total desconocido, amarlo sin una agenda y marcharte cambiado.

Para vivir una vida con un propósito inmenso, debes dejar de perseguir lo que solo está disponible. En su lugar, regresa a cualquier santuario que tengas (una familia, un hogar, una amistad, una casa en un árbol, lo que sea) y deja de lado todo lo demás que compite por tu atención. Solo con ese enfoque y el deleite de saber la persona para la que te creó Dios puedes encontrar tu camino hacia la vida que has estado imaginando.

16

ECHADO A LAS AGUAS POCO PROFUNDAS

Una vida sin examen es una niebla de distracción que oscurece toda nuestra identidad; solo los muy sinceros están dispuestos a ver un panorama más nuevo, grande y mejor

Mi bisabuelo volvía a casa del trabajo cuando lo atropelló un tren. ¿Cuáles son las posibilidades? Es extraño tener este tipo de suerte en tu árbol genealógico. Te preguntas si se salta una generación y tú podrías ser el siguiente. Según la tradición familiar, las personas que lo encontraron lo pusieron en una carretilla, lo llevaron de regreso a su casa y lo dejaron caer en el portal donde mis parientes lejanos lo encontraron a la mañana siguiente. Al parecer, ni siquiera tocaron a la puerta, pero no puedo culparlos.

Casi un siglo después, era abogado y estaba trabajando en un caso que me tenía en el este de Oregón, donde vivió mi bisabuelo. Había pasado meses buscando a un tipo que les había estafado mucho dinero a varias personas en un negocio inmobiliario. Años antes había abandonado la ciudad después de que su negocio se fuera a pique, asumiendo una nueva identidad, y se fue con todos los millones dejando a cientos de personas con las manos vacías. El hombre era tan corrupto que yo estaba seguro de que tendrían que vigilarlo al enterrarlo cuando muriera. También hizo un buen trabajo desapareciendo. Habían pasado años y me preguntaba si alguna vez lo atraparía.

Tuve suerte cuando su esposa se subscribió a la revista *Redbook* usando su antiguo nombre por error. Mis investigadores privados habían puesto alertas, detonantes y trampas por toda la web para obtener sus nombres. La suscripción a la revista nos dio una dirección de remitente y supe con exactitud dónde entregar la citación legal. Le hice llegar una citación para que se presentara a una deposición en el pequeño pueblo de Oregón donde se escondía. Apuesto a que cuando se enteró de cómo lo había encontrado, la discusión con su esposa fue muy estresante. En caso de que no lo sepas, una deposición es un testimonio legalmente vinculante que un abogado puede presentar ante el tribunal como un hecho sin que la persona suba al estrado.

Si puedes tomar la deposición de alguien, es lo mismo que le llamen como testigo en el tribunal.

Cuando llegamos, las primeras preguntas que le hice fueron acerca de su árbol genealógico. Así podría saber cómo encontrarlo si desaparecía de nuevo. Me contó de sus hermanos y hermanas, y los nombres de sus padres. Luego me dijo los nombres de sus abuelos y de otras personas en las ramas un poco más arriba, y entonces las cosas se empezaron a poner raras. Cuanto más avanzábamos en su árbol genealógico, más me resultaban extrañamente conocidos los nombres. Le hice algunas preguntas más precisas con la creciente sensación de estar descubriendo algo importante. Resulta que estaba emparentado conmigo. ¡Ay! De nuevo, ¿cuáles son las posibilidades?

Cuando terminó la deposición y todo el mundo estaba recogiendo, le pregunté si había oído hablar de lo trágico que le ocurrió a mi bisabuelo, a quien atropelló el tren. Le pregunté si tenía un lugar de descanso (aparte del portal) que pudiera visitar para presentar mis respetos. El hombre rio y dijo: «No lo atropelló un tren. Huyó de la familia, abandonándola en el desierto alto de Oregón». Entonces, me di cuenta. La familia, abandonada y avergonzada, inventó esa ingeniosa y horripilante historia para explicar sus horribles circunstancias. Se habían inventado una historia para encubrir el dolor que experimentaban. Evidentemente, todos los miembros de esta rama particular de mi alocada familia sabían que era falsa, excepto yo. Algunas mentiras son difíciles de matar.

Al final, mi pariente corrupto pagó todo el dinero que se llevó. No porque fuera buena gente, sino porque yo soy buen abogado. Al menos eso me digo a mí mismo.

Nosotros no tenemos muchas reuniones familiares. O si están sucediendo, no me han invitado. Eso está bien, supongo. Tal vez tomaré más deposiciones algún día, y entonces podremos ponernos al día.

Es inquietante cómo nos contamos historias para tapar las grietas. O a veces no reconocemos ninguna historia y ahogamos nuestros momentos vergonzosos en un silencio total, esperando que desaparezcan. He aquí otro ejemplo rápido de cuando era joven.

Mi padre solo tiene nueve dedos y medio. Es muy buen padre, un hombre bondadoso y humilde, mi amigo y mi vecino. Es evidente que cuando era un joven valiente en el campo de entrenamiento del ejército, estaban aprendiendo a tirar granadas. Tenían versiones de práctica que explotaban, pero no con tanto estruendo como una granada real. Me apuesto a que las instrucciones eran bastante simples: primer paso, hala el gatillo; segundo paso, tira. Mi papá entendió la primera, pero no la segunda. La granada le explotó en la mano y, como resultado, perdió un dedo.

Cuando yo era niño, él nunca habló de eso. Ni siquiera una vez. Años después me enteré de que era una granada de práctica. Mi padre era y es un hombre valiente, así que tal vez no quisiera darle tanta importancia. Sabía lo sucedido, pero yo no, así que inventé mi propia historia para explicármelo. Escucha esto: Me convencí de que yo tenía demasiados dedos. Una locura, ¿cierto? Sin embargo, eso es lo que hacemos cuando no sabemos la verdad y cubrimos lo desconocido con un velo de silencio. Inventamos historias para normalizarlo; construimos una realidad alterna que es más fácil de entender para el corazón y la mente. Pensar que yo tenía demasiados dedos a una edad tan tierna era una explicación razonable en ausencia de una explicación de parte de mi padre. Entiendo lo que pasó. Mi papá me amaba y no hablaba de su lesión pensando que así era mejor padre. Sé que parece absurdo, pero la historia que yo inventé me parecía cierta y tenía sentido para mi joven cerebro. ¿Recuerdas las historias del Día de Acción de Gracias en la escuela primaria? El proyecto de arte *siempre* era dibujar un pavo con la mano abierta. Mis plumas no eran tan largas como las de otros niños. Para mi pavo, yo doblaba mi dedo anular a la mitad, pues mi papá no tenía la mitad del suyo.

Cuando inventamos historias para explicar lo que no entendemos, creamos más confusión para nosotros y para los que nos rodean. Nos da un falso sentido de control, pero la realidad es que nos engañamos a nosotros mismos con una mentira sutil. Fabricamos una historia creíble que es más fácil que la verdad dolorosa o más complicada.

* * *

Un cerebro adulto pesa alrededor de mil trescientos gramos. Si el tuyo es bien grande, podrás llegar a poco más de dos mil gramos. Mi pregunta es esta: ¿Con qué llenas tu cerebro? ¿Andas con varios gramos de distracciones e historias inventadas en tu cabeza? Annie Dillard, en su libro *Vivir, escribir (El oficio de escritor)*, dijo algo como esto: «Cuidado con lo que aprendes, pues eso es lo que sabrás»[1]. Si solo aprendes verdades a medias, solo vivirás a medias. Para vivir por completo debes conocer toda la verdad acerca de quién eres, debido a que solo la verdad le dará claridad a tu jornada.

El problema es que no siempre nos acercamos mucho a lo que creemos sobre nosotros. Gran parte nos lo han enseñado nuestros padres, pastores, maestros y amigos, antes de que tengamos los medios para decir: «Un momento, eso no me parece bien». Más tarde, gastamos tiempo y energía emocional tratando de desenredar las historias que nos han contado, a fin de llenar los vacíos de las historias que nadie nos contará.

Prueba este ejercicio. Piensa en ti cuando tenías cinco, diez, quince y veinte años. Si eres mucho mayor, piensa en treinta y cuarenta. (Si eres tan viejo como yo, ir mucho más allá le hará daño a tu cerebro). ¿Qué te dirías en esas edades para darte acceso propio a la verdad que podrías necesitar más tarde?

«Elmo es un títere de mano» (al niño de cinco años).

«El año que viene podrás formar parte del equipo. Solo continúa creyendo» (al de diez años).

«Sé que duele ahora, pero la persona adecuada vendrá después» (al de quince años).

«Está bien tener miedo. Tendrás más que suficiente para pagar el alquiler. Créeme» (al de veinte años).

«Si sigues trabajando así de duro, te perderás las cosas más importantes para ti» (al de treinta años).

«Tu vida no se desmorona cuando haces ese gran cambio a ese trabajo peor pagado en la carrera que siempre quisiste» (al de cuarenta años).

Como es obvio, todos estos son ejemplos hipotéticos (excepto el de Elmo, ese es real). Aun así, supongo que si pudiéramos volver atrás, lo que haríamos es disipar mitos y creencias mal dirigidas que de alguna manera se grabaron en nuestra identidad. Nos evitaríamos el problema y el sufrimiento de vivir con ellos y llevarlos con nosotros. Sé sincero; quizá también nos diríamos cómo apostar en cada Supertazón, y cuándo comprar acciones en Amazon. Es solo mi opinión. Quisiéramos que nuestra vida fuera más cierta y simplificada con las realidades que, a la larga, aprenderemos a la fuerza.

Ahora, intenta un ejercicio más conmigo. ¿Qué necesitas escuchar ahora mismo si tu futuro yo pudiera volver para ayudarte? Me refiero al tú de hoy, al tú de *ahora mismo*.

Apuesto a que conoces algunas verdades que debes aceptar pero temes demasiado comprenderlas. Están al acecho bajo la superficie de tu corazón y tu mente. Están a la puerta pidiéndote entrar, pero no las quieres dejar por lo que crees que te costarán. Déjame preguntarte esto: ¿Qué es mejor, avanzar con dificultad en una verdad a medias o prosperar en una verdad completa desordenada? Sé lo que elijo y creo que tú también.

Algunas personas se ven guiadas por el destino o la suerte, o la buena suerte o alguna combinación de estos. Otros apuestan por suficiente karma no gastado para salir adelante. Yo no apostaría por ninguno. He puesto mi fe en confiar que Jesús está vivo y activo en el mundo. Hay muchas explicaciones de alto nivel cognitivo de cómo funciona el mundo, pero al final lo que nos da forma es la gente y las experiencias. Quizá sea mejor decir que *lo que absorbemos* de esta gente y las experiencias es lo que nos da forma. Entender cómo estamos conectados nos ayudará a evitar la distracción y a encontrar la alegría y el propósito en nuestras vidas.

Nos inventamos reglas para mantener las historias en su sitio como si fueran andamios, pero el andamio que construimos puede convertirse en una cárcel. Estas reglas que inventamos están ahí para apoyar las historias que inventamos; y las historias que inventamos para explicar los eventos que no pudimos entender cuando éramos más jóvenes son las distracciones que nos separan de otros y de nosotros mismos. Solo necesitamos preguntarnos en algún momento si las historias y reglas que hemos construido todavía nos sirven de algo. Si somos lo bastante valientes para decir que caducaron, podemos darles las gracias por la ayuda provisional que nos dieron (sin importar cuán fraudulentas fueran) y echarlas a la basura.

Al igual que tus padres, los míos eran aficionados. Si tienes hijos, tú lo eres también. Si aún no tienes hijos, puede que algún día tengas la oportunidad de ser un novato en la crianza de niños. Mis padres querían que me comportara, lo cual entiendo perfectamente. Yo era un niño enérgico que siempre parecía haberse quemado las cejas con algún tipo de explosión el día anterior. No era un pelmazo; tenía dos brazos llenos y era mucho trabajo para criar. Cuando hacía algo que mis padres aprobaban, me daban amor y afirmación, pues eran muy buenos padres. Me hacía sentir bien; esa era la intención. Cuando me comportaba de manera que no aprobaban, yo me inventaba una historia en la cabeza y pensaba que ellos me quitaban un poco de ese amor. Su intención no era que yo me sintiera así, desde luego, porque eran muy buenos padres, pero aprendí unas cuantas cosas de mi forma de percibir el mundo cuando joven.

Primero, me inventé una historia que definía el amor como algo que se daba y se quitaba para controlar mi conducta. Me convencí de que no podía confiar por completo en el amor; no era una extensión de seguridad y aceptación, sino un recurso para controlar la conducta. Segundo, y de manera más insidiosa, me convencí de que era posible quedarme solo emocionalmente en una relación. No era cierto para mí, porque mis padres me amaban, pero lo sentía así. Llegué a la conclusión a una edad temprana de que podía ocurrirme, y que podía ocurrir con poco o ningún aviso. Algo así como perderse en un parque de atracciones o que te dejen en una esquina lejos de casa. Tenía una sensación profunda y duradera de que, sin previo aviso, me separaría y quedaría solo en mi vida, y esta creencia determinó la forma en que abordé las relaciones durante las siguientes décadas.

¿Qué crees que me diría si pudiera volver atrás? Creo que le explicaría a ese niño que sus padres le aman y que no debía sentirse tan inseguro. Le diría que la gente hará todo lo posible, pero aun así se equivocará. Le diría que él también fallará a veces; solo que encontrará formas nuevas y diferentes de hacerlo. Le recordaría que sea para sus hijos lo que él necesita de los demás. Y le confirmaría que Dios nunca lo abandonará ni lo rechazará.

* * *

Sé sincero contigo mismo. Algunas de las historias a las que nos aferramos nos mantienen estancados. Déjame contarte una historia rápida acerca de un joven que hace poco me llamó pidiendo ayuda. La conversación fue así:

—Hola Bob, estoy tratando de investigar cuál debe ser mi próxima profesión. Quiero hacer un cambio, pero estoy estancado.

—Bueno, cuéntame un poco de lo que crees que eres capaz de hacer —le dije.

—Bueno, en realidad nunca he pensado en eso. Comencé en mi último trabajo cuando era joven y seguí haciéndolo hasta ahora que decidí que necesitaba un cambio.

—¿Se te ha ocurrido alguna vez escalar el monte Rainier? —le pregunté para ponerlo a pensar.

Esa increíble montaña está cerca de donde él vive.

—No hay manera de que pueda hacer eso —me dijo—. Verás, sufrí una lesión cerebral traumática cuando era más joven, y ese tipo de cosas están prohibidas para mí.

—Vaya, hombre, eso parece horrible. Lo siento mucho.

Me preguntaba qué le sucedió, pero no quería entremeterme.

—Parece que te gusta hablar con la gente —dije, cambiando de tema—. Puedo decir por esta conversación que eres bastante bueno en eso. ¿Alguna vez has considerado hablar en público?

—Ay, nunca podría hacer eso. Tuve esa lesión cerebral traumática, ¿recuerdas?

Pude ver un patrón, y decidí probar mi teoría de inmediato.

—¿Qué te parece ser un asistente legal?

—Lesión cerebral.

—¿Saltar con un palo saltarín?

—Lesión cerebral.

—¿Natación sincronizada?

—Lesión cerebral.

—¿Girar un cartel en la esquina de la calle?

—Lesión cerebral.

Estoy exagerando un poco, pero te puedes dar cuenta. Él se contó una historia de niño que se convirtió en *la* narrativa dominante de toda su vida. Entiéndeme bien: Este no solo es *su* problema. Es *nuestro* problema. Sufrimos una experiencia, un revés, un desaliento, y si no lo entendemos de manera saludable, se puede convertir en un tsunami en nuestro pasado que entra más a tierra de lo que debe.

Le pregunté a mi nuevo amigo si estaba dispuesto a ser parte de un experimento. Le pedí que se pasara un día completo sin decirle a nadie, ni siquiera una vez, que tuvo una lesión cerebral traumática de niño. Entonces, le pedí que hiciera lo mismo por una semana, luego un mes, sin hablar de esta historia cierta, pero debilitante, y probara ver si esta narrativa lo controlaba menos. No estoy diciendo que debamos vivir en negación; solo que debemos recobrar algunas de las historias, hasta las ciertas, que dañan nuestro progreso. ¿Qué nos sucedería si hiciéramos lo mismo?

Tenemos un muelle detrás de nuestra casa en San Diego. Caminé hasta el final una noche y noté un banco de pececillos haciendo un gran alboroto en la superficie del agua. Era como diez mil gotas de lluvia cayendo en un círculo de diez metros. Me maravillaba ver la cantidad de pececillos que habían subido a la superficie. Entonces, se me ocurrió que quizá habría algunos peces grandes debajo de los que intentaban huir. La amenaza de lo que había debajo los empujaba hacia las aguas poco profundas. Si queremos eliminar algunas de las distracciones en nuestra vida, tenemos que averiguar qué o quién nos persigue en las aguas poco profundas.

Tu mente y tu corazón son un mar de posibilidades y promesas interminables. Todos venimos al mundo con rasgos innatos de personalidad. Lo lamentable es que no nos toca escogerlos, o yo hubiera escogido ser comediante, presidente, astronauta, cantante y trapecista. Tampoco nos toca escoger las medias verdades ni las mentiras que creen y apoyan quienes más cerca están de nosotros. Sin embargo, ese es el caso solo cuando somos jóvenes. Tú y yo ya tenemos alguna experiencia, algunos kilómetros en el podómetro, y varios viajes alrededor del sol. Como resultado, estás en la posición adecuada para examinar con sumo cuidado la historia de tu vida, a fin de encontrar tu origen. Tú decides la trayectoria de lo que quieres ser. No te dejes distraer por el cuadro que te ha pintado tu historia familiar. No te pierdas la oportunidad de encontrarte con lo verdadero. No te dejes engañar para quedarte en un charco cuando tu vida se diseñó para vivirla en las profundidades del mar.

17

«¡AY, CARAMBA!»

Si la gente se siente incómoda por tu atrevimiento, vas por buen camino

Existe una teoría llamada navaja de Ockham. Hay muchas cosas, pero en esencia dice lo siguiente: La explicación más sencilla es siempre la mejor. En vez de distraernos por todo lo que sucede a nuestro alrededor y las tramas complicadas de la historia que armamos en nuestras mentes, trata de buscar la explicación más sencilla. Casi siempre es la adecuada. ¿Te distraen algunas de las personas con quienes te relacionas? ¿Te molesta que la persona con quien sales siempre llegue tarde? Busca la explicación más sencilla. Quizá su reloj tenga diez minutos de atraso. ¿Te interrumpe siempre tu amigo? Quizá le esté fallando el oído. No dejes que esto se convierta en una distracción ni en una obsesión. Piensa en esto como un permiso. La explicación más sencilla *no es* que la persona con quien sales ya no le importes mucho, y su impuntualidad no es un reflejo de su falta de respeto hacia ti.

Estaba en Uganda con mi amigo Gregg. Nos alojábamos en una pequeña estructura en la selva, y ambos nos habíamos acostado temprano, agotados por una larga travesía por el país. Horas después, me despertó el ronquido de Gregg. Parecía que estaba serruchando troncos, y mientras dormía, horribles sonidos salían de su boca. En realidad, era algo antinatural. Me quedé en la cama durante horas mirando al techo, escuchando el implacable estruendo de sus ronquidos mientras hacían sonar los clavos sueltos en el techo y sacudía las ventanas. Si hubiera tenido una pistola de descarga eléctrica la hubiera usado con él. En mi cansancio, me preguntaba qué pasaría si le pusiera una almohada sobre la boca y me deshiciera de él. Por una parte, parecía que sería un acto bondadoso ayudarlo a despojarse de sus ataduras mortales. *Además, tengo inmunidad diplomática*, pensé. Me pregunté si sería un buen argumento en el juicio. *O tal vez podría apoyarme en un recurso de defensa propia. ¿Quién sabe? La cadena perpetua es cada vez menos un impedimento para un tipo como yo que ya tiene más de sesenta años.* Estas fueron las reflexiones de un hombre frustrado y privado de sueño.

A las dos de la mañana, sin dormir, repetía pasajes de *Hamlet*. Por fortuna, el sol salió unas horas más tarde, y entré a tropezones en la sala principal donde Gregg ya estaba levantado. Entré y le dirigí mi más incrédula mirada de pistolero. «Amigo, necesitas una operación o algo así. Nunca he oído a nadie roncar como tú. Ni siquiera he escuchado una historia de un tipo que ronque tan fuerte como tú». Gregg me miró un poco sorprendido y provocado y dijo: «¿Yo? Bob, nunca he oído a nadie roncar tan fuerte como *tú*. No pude dormir en toda la noche. Por eso estoy levantado».

Espera, ¿qué? Yo no dormía; ¿cómo podía estar roncando? Sin estar convencidos, los dos nos acusábamos el uno al otro y, mientras salíamos por la puerta principal para sentarnos en el portal, buscábamos metáforas sobre lo fuerte que roncó el otro la noche anterior. Justo en ese momento, ese horrible sonido de gemidos y ronquidos nos rodeó a los dos. Seguimos el sonido hacia detrás de la choza. Allí vimos una enorme vaca que había estado despierta toda la noche dando a luz a su ternero.

Recuerda la navaja de Ockham. No seas duro con otro. No siempre las cosas son como se ven ni como se escuchan.

* * *

Te van a malinterpretar, y tú vas a malinterpretar algunas cosas. Es así de simple. Sucederá todo el día, todos los días y dos veces los domingos, tal vez tres veces si hablas en una iglesia, tienes un adolescente o eres un adolescente. A veces ni siquiera te entenderás a ti mismo, lo cual es una locura, pues siempre estás contigo. También malinterpretarás a los demás. No solo de vez en cuando tampoco, sino a cada momento. Si no eres consciente de que esto ha estado sucediendo, es que has malinterpretado otra cosa. Tener desconexiones y malentendidos previsibles es como tener un cebollino atascado en el diente frontal. Todo el mundo lo sabe, pero tú aún no te has dado cuenta.

Podría hablarte de las cinco formas en que cada uno de nosotros se comunica y de cómo podríamos hacerlo mejor, o de tres técnicas para escuchar y aumentar la claridad de nuestras comunicaciones. Como alternativa, ¿qué tal si solo pasamos por alto todo eso y, en cambio, nos sentimos más cómodos con las personas que no «nos entienden» y dejamos de distraernos cuando esto ocurre? Para algunas personas, esta propuesta es impensable. Cuando ocurre otro malentendido, succiona todo el aire de la habitación. ¿Este eres tú? Si es así, tengo tres palabras útiles para ti. *Haz un alto*.

Obsesionarte por malentendidos previsibles distrae a todo el mundo a tu alrededor mientras te agitas tratando de aclararlo todo. ¿Y si elaboráramos alguna estrategia por adelantado en vez de lidiar con ser malentendidos? Es posible que te sientas libre de este problema persistente y esta constante fuente de distracción.

Siéntete a gusto con la idea de que algunas personas se sentirán desconcertadas por lo que dices y haces. En vez de dejar que te distraiga, admítelo, compréndelo y crece a través de esto. Deja de preocuparte, de lamentarlo, de mirar por encima del hombro, de repetir viejas conversaciones en tu mente y de esperar un resultado diferente. Una vez que pasamos por alto las pequeñas cosas, lo que suele ser más doloroso de ser malentendido es el desafío más profundo que se ha hecho a nuestros motivos, intenciones o valores ocultos. No te dejes engañar por estos desafíos; entiende la naturaleza y la inevitabilidad de los malentendidos, y les quitarás todo el poder que tienen sobre ti.

Seguir a Jesús significa ser malinterpretado a cada momento. Claro que duele. Nadie lo busca, ni disfruta sintiéndose atacado, ni aprecia que le den una severa reprimenda. Lo cierto es que los malentendidos a menudo llevan a la falta de conexión. Es probable que la gente que «ya no te entiende» encuentre una manera de crear distancia entre tú y ella. No te desanimes si te sucede. A Jesús lo mataron cuando lo malentendieron; entonces, ¿qué es un mal día para ti? Jesús estaba hablando con su Padre y le dijo que había glorificado a Dios al llevar a cabo la obra que le encomendó[1]. ¿Y si frenas todas las distracciones y terminas el trabajo que te han encomendado en lugar de preocuparte por lo que piensa todo el mundo sobre lo que estás haciendo?

Si terminar la obra que Dios te dio le molesta a alguien, probablemente te echen de alguno que otro grupo de correos, o no te inviten a una que otra reunión. ¿Y qué? Deja que estas desilusiones te resbalen como el agua por la espalda de un pato. No necesitas una piel más gruesa, necesitas más consciencia y perspectiva, y un inquebrantable sentido de propósito. No me malinterpretes; no digo que debemos procurar ser malentendidos, pero quizá, quizá, podemos dejar de obsesionarnos cuando vuelva a suceder.

* * *

Nunca se me ha dado bien calcular lo que cuestan las cosas. Voy a la tienda y sigo pensando que puedo conseguir un par de vaqueros por seis dólares. Algunos de los que venden hoy en día parecen haber tenido nueve asaltos con un mapache y se venden por cientos, solo porque están todos rotos y rasgados. No lo entiendo.

Con nuestro trabajo en *The Oaks*, necesitaba algo un poco más fuerte para transportar los remolques de caballos, ganado y heno. Un auto Prius no sería suficiente. Fui al concesionario de automóviles y encontré una camioneta con alfombras de goma y no de tela. Era bastante básica, así que pensé que podía pagarla, y le dije al hombre que preparara la factura. Cuando me dijo el precio, tuve que mirar dos veces. Era el doble de lo que había pagado por mi carrera universitaria.

Fui a los clasificados y encontré una camioneta usada con cien mil kilómetros y conocí al joven que la vendía barato. Era precisamente lo que estaba buscando y salí manejándola. De camino a la casa sentí un olor fuerte a jabón, pero no le di importancia pensando que era algo pasajero. Tengo un amigo que tiene la nariz de raza de perro *beagle*, pero yo nunca he tenido un olfato muy sensible. Claro, puedo detectar un olor si alguien se empapa de perfume o colonia barata, o se tira un viento en el elevador, pero por lo demás, nunca pienso mucho en los olores. Bajé las ventanillas de la camioneta pensando que podía refrescar mi nueva camioneta vieja de camino a casa. Volví a oler una vez más cuando llegué a la acera en mi casa, y olía como si lo hubiera logrado y el olor había desaparecido.

A la mañana siguiente volví a subir a la camioneta para hacer un recado, y cuando abrí la puerta ese mismo y fuerte olor a jabón salió como si fueran burbujas de una lavadora sobrecargada. Tenía que conducir varias horas hasta Los Ángeles para una boda, y el olor a jabón me comenzaba a molestar. Supuse que si no podía echarlo todo para afuera con las ventanillas abiertas, lo quemaría. Puse la calefacción al máximo y, durante las tres horas siguientes hasta Los Ángeles y las tres horas de vuelta a casa, intenté quemar el olor a jabón. Empapé de sudor mi camisa en el proceso, pero cuando llegué a casa me sentí satisfecho de haber solucionado el problema. Al llegar a casa, volví a oler por última vez para confirmar que fui el vencedor en la batalla de los olores y, como sospechaba, estaba seguro de que los había eliminado. Yo era de veras el victorioso. El olor representaba todas las cosas malas del mundo, pero yo era el equivalente a un guerrero del bicarbonato de sodio y esta distracción se derrumbó a mis pies.

A la mañana siguiente, cuando regresé a la camioneta, abrí la puerta y volví a sentir el mismo olor a jabón. ¿Alguna vez te has obsesionado tanto con algo que has perdido por un tiempo la cabeza? Quiero decir, ¿perder por completo la cabeza, obsesionarte de manera total e irracional con algo que no debería importar tanto? Eso fue justo lo que me sucedió a mí, y de alguna manera me encontré en la tienda de tapicería de autos. Tiré las llaves de mi camioneta enjabonada sobre el mostrador y les dije que sustituyeran todo el interior de la camioneta con asientos de cuero, alfombras, todo. Bien podría estar cómodo si tengo que deshacerme del olor, ¿verdad? Tres días después recogí la camioneta y abrí la puerta. Olía a vaca muerta... y a jabón. *¡Nooo!*

Me subí cabizbajo a la camioneta y con la nariz tapada. Levanté la mano para poner mis gafas de sol en la bandeja que colgaba del techo y, al hacerlo, sentí que había algo dentro del compartimiento. Lo bajé y me encontré con un ambientador de veinticinco centavos con forma de una pastilla de jabón. En ese momento me di cuenta de que había gastado dos mil dólares en arreglar un problema de veinticinco centavos. Cuando le prestamos una cantidad irrazonable de atención a una distracción, se puede convertir en una obsesión. Podemos obsesionarnos con todo tipo de cosas. Los deportes, las opiniones de otros, las políticas y hasta los ambientadores. Esta es mi pregunta para ti: ¿Qué te obsesiona? ¿Una relación? ¿Una oportunidad? ¿Un trabajo? ¿Un fracaso? Lo que sea, estas obsesiones no te hacen ningún favor. Recuerda, la navaja de Ockham. Busca la explicación más sencilla.

* * *

Estuve en Londres hablando en una reunión de una gran iglesia. Se reúnen en el barrio de West End de la ciudad, en un teatro que está lleno toda la semana con representaciones teatrales. Cada domingo, transforman el lugar en una iglesia, y la gente espera horas en línea para entrar. Cuando llegué, el escenario tenía toda la utilería de la obra de teatro que se estaba representando, y debía de ser una buena obra, pues tenía un aspecto de otro mundo, con lava cubriendo un escenario que formaba una pendiente escabrosa hacia el público. Cuando tengo la oportunidad de hablar a mucha gente, me gusta ponerme justo en el borde del escenario con los pies colgando. Así me siento más deportivo, y me gusta saber que si pierdo el equilibrio y me caigo al foso de la orquesta, acabaré en un timbal.

Este domingo en particular, había una fila de personas esperando para entrar al teatro que abarcaba cuatro cuadras de la ciudad. Faltaban un par de horas para comenzar el servicio, y como no me gusta quedarme en el camerino comiendo dulces, salí a darles la bienvenida a los que estaban en línea y repartir algunos abrazos. «¡Qué bueno que vino! ¡Será una mañana excepcional!», le dije a cada una de las personas que esperaban, agitando los brazos en el aire antes de rodearlas en un abrazo no extraño. Unos sesenta minutos después, el hombre que estaba delante de mí llevaba una chaqueta de lana escocesa y le di un gran abrazo como a todos los demás. «¡Bienvenido!», le dije. «Será un día magnífico. ¡Qué bueno que vino a la iglesia!». Parecía un poco sorprendido, quieto en su sitio como una estatua cuando le di el gran abrazo de bienvenida. Unos minutos más tarde me enteré del motivo. Resultó que la línea había terminado treinta metros antes, y él era solo un británico caminando por la calle en Londres cuando el loco estadounidense corrió y le dio un abrazo demasiado entusiasta. Tal vez pensara que se alegraba de que mis antepasados hubieran abordado un barco, atravesaran el océano y crearan su propio país. Al igual que a ti se te escaparán un par de cosas por el camino y no acertarás, serás malinterpretado. Afróntalas, asúmelas, acéptalas, recíbelas con los brazos abiertos. No te dejes distraer por eso.

Nuestras comunidades de fe son maravillosamente diversas en expresión. Algunas agitan las manos en el aire y hacen mucho ruido, mientras que otras visten túnicas y mantienen los brazos a los costados. Algunas mantienen las palmas de las manos en alto y otras presionan las palmas unas contra otras. Algunas cantan himnos con un coro, tienen conjuntos de violonchelos y lecturas antifonales, y otras se mueven entre la multitud, tocan música contemporánea y hacen vibrar la casa mientras las máquinas de humo crean el ambiente. No es necesario que te identifiques con todo para apreciarlo. No te distraigas cuando otra persona se conecte con Dios de una manera que no tendría ningún efecto en ti. Lo mismo ocurre con la forma en que alguien describe su experiencia con Dios. Ser uno en Dios no significa que debamos ser iguales.

Alguien me preguntó si estaba diluyendo el evangelio en los libros que escribo. «En realidad», dije, «espero que sí». He aquí la razón. Quiero escribir libros para gente sedienta. Hay mucha gente llena de opiniones, pero reseca en su propia vida solo porque ya no tienen sed. Sé uno de los sedientos y no te distraerás cuando alguien describa su jornada de una manera diferente a como tú describirías la tuya. No te limites a conocer las Escrituras, sino deleitate en la libertad que pueden traerte si estás dispuesto a esto. Como me dice la dulce María siempre: Mantén la vista en tu propio papel.

Soy abogado, así que elijo jurados. Hacer esto requiere que evalúe con rapidez a las personas que son posibles miembros del jurado. Los empresarios de pompas fúnebres hacen lo mismo y clasifican a las personas rápidamente también. ¿Qué pasaría si dejáramos de evaluarnos unos a otros? Si por el contrario alimentáramos nuestro propio fuego, quizá ardieran un poco más. Necesitamos dejar de pelear con la gente dentro y fuera de nuestras comunidades de fe solo porque no entendamos o estemos de acuerdo con su forma de ver el mundo. Recuerda que Dios no nos nombró juez y jurado solo porque tengamos un par de opiniones. Haznos un favor y guárdate los pensamientos divisivos. En su lugar, deléitate con lo maravillosamente diversos que somos.

Recuerda, se supone que somos los héroes del amor, no sus gorilas. Lo lamentable es que algunos de nosotros nos hemos distraído tanto tratando de enderezar a los demás que nos hemos desviado del camino. Resulta que la mayoría de los prisioneros del orgullo se creen que son los guardias. No seas uno de esos. No estoy diciendo que se vaya a la ligera con la sana doctrina. Digo que si nos enfocamos en Jesús, viviremos muy buena teología.

Hablé en un evento en Texas. Disfrutamos de muy buen tiempo juntos y, al día siguiente, recibí una llamada de una mujer.

—Hola, yo estaba en el evento donde usted habló anoche —me dijo.

—¡Qué bueno! ¿Le gustó? —le pregunté.

—¡Qué va! ¡Lo detesté!

—¿Detestó mi charla? ¿Qué parte?

—Toda.

—¡Ay, caramba! —tartamudeé, preguntándome qué dije que fue tan desagradable—. ¿Cómo es eso?

—Usted maldijo toda la noche —me respondió.

Pensé por un momento y no recordé haber dicho malas palabras por accidente.

—¿Qué pude haber dicho que le ofendió?

—Dijo varias veces: "¡Ay, caramba!" —me respondió con brusquedad.

—¡Ay, caramba! —le dije tratando de no reír.

Ella debe haber pensado que yo tenía el síndrome de Tourette. Esta frase no era una mala palabra para mí. Como es obvio, no fuimos al mismo instituto.

Me malinterpretaron una vez más. La invité a tomar un refresco conmigo la próxima vez que estuviera en la ciudad, y luego me pregunté a qué pobre tonto llamaría a continuación en su lista de desconocidos que creía que era su trabajo poner al descubierto. Cuando tengas la tentación de llamar a desconocidos por cosas que dijeron, ¿por qué no llamas desde la Cruz Roja local mientras donas una pinta de sangre a alguien que la necesita o le cambias el neumático pinchado a alguien en el costado de la carretera? Podemos distraernos pensando que le estamos dando a la gente los consejos necesarios sobre cómo vivir sin añadirle nada a su vida. ¿Entiendes lo que quiero decir?

Te van a malinterpretar. Estropearás más de un par de cosas y te equivocarás aún más. No será de vez en cuando. Sucederá a cada momento. Así que piensa por adelantado qué harás la próxima vez que suceda y, ay, caramba (perdón, no pude resistirme), la libertad que ganarás valdrá la pena.

18

DENTRO DE CINCO MINUTOS

El trabajo que realizas no es una forma de demostrar tu valía; es una prueba de que Dios ya te considera valioso

Una vez volé a una ciudad del sur para dar una conferencia, y un hombre muy amable me dijo que vendría al aeropuerto a buscarme. Yo soy terrible con las direcciones, así que le agradecí el ofrecimiento. Salí del aeropuerto hacia su modesto automóvil en la zona de acceso que está afuera del área de reclamo de equipaje. Dentro estaba un señor mayor con una afectuosa sonrisa y un fuerte apretón de manos. Era mediodía, así que supuse que estaba jubilado y que estaba dispuesto a hacerme el favor de llevarme.

Me subí a su auto y le agradecí por el viaje, y él me dijo que siempre estaba dispuesto a ayudar. Me di cuenta de que la hospitalidad le resultaba fácil. Entramos en la autopista y empezó a contarme una historia sobre su familia y sobre cómo fueron de viaje a Washington D. C. cuando él era joven. Recordó que su familia, que incluía varios hermanos, se hospedó en un hotel con sus padres cuando llegaron a la capital hace décadas. Mientras hablaba, pensaba para mis adentros: *Esto va a ser una historia bastante larga*, pero oye, tenía todo el día, y era un hombre agradable, así que le hice unas cuantas preguntas más. Me dijo que ese hotel era barato y de bastante mal aspecto. Y cuando su padre fue a pagar, el empleado le dijo que le costaría un dólar extra por cada niño. Su padre se enfureció con el hotel por cobrarle dinero de más por los niños, y todo el viaje de regreso lo pasó enfadado y protestando.

Cuando llegaron a casa, mi chofer dijo que su padre decidió que este hotel estaba mal y que había que hacer algo al respecto.

Nos detuvimos en el hotel donde pasaría la noche, mientras mi nuevo amigo terminaba su historia. En un gesto amable en gran medida, no solo me dejó, sino que salió del auto y me acompañó a través del estacionamiento hasta el vestíbulo. Uno de los empleados del hotel se cruzó con nosotros en el vestíbulo y saludó a mi conductor. «Hola, Sr. Wilson». *Curioso, quizá venga a menudo*, pensé. Llegué a la recepción para registrarme, y el empleado nos miró a mi amigo y a mí, y dijo con voz alegre: «¡Ah, hola, Sr. Wilson!». ¿Qué? ¿También conocía al empleado de la recepción? Era un hombre agradable, pero dudo que se quedara mucho en el hotel si vivía en esa ciudad. Así que me volví al chofer.

—Sr. Wilson, ¿viene usted al hotel a menudo?

Él solo se encogió de hombros y sonrió con amabilidad. Al hacerlo, otra persona pasó y dijo: «¡Hola, Sr. Wilson!». Me pregunté si había alguna cámara escondida en algún lugar y yo era la única persona que no sabía que le hacían una broma.

—Está bien, está bien —le dije a mi nuevo amigo—, ¿cuál es el problema?

—Bueno —hizo una pausa durante un largo segundo, y sonrió con amabilidad—, es mi hotel.

—¿Usted es el dueño de este *Holiday Inn*?

—Bueno —y luego otra sonrisa—, en realidad, todos ellos lo son de cierto modo.

Resulta que mi modesto chofer era el hijo de Kemmons Wilson, quien al volver con su familia de su viaje a Washington D. C., decidió crear su propia cadena de hoteles. Al parecer, uno de los arquitectos originales de los primeros hoteles bromeó sobre una película llamada *Holiday Inn* mientras hacían planes nocturnos, y el resto es historia.

La fe era importante para Kemmons y su socio, por lo que pusieron una Biblia en cada habitación, lo que fue una novedad. A finales de la década de 1950 abrió el *Holiday Inn* más emblemático de Memphis, y a finales de la década de 1960 abrió el número mil. Luego, siguieron construyendo más. ¡Qué historia!

Este es mi punto. Muchos de nosotros nos distraemos tratando de parecer importantes. Mi conductor, el Sr. Wilson, no lo hizo. Era importante, pero no porque su familia fuera propietaria de una exitosa cadena hotelera. Era importante, pues Dios lo conocía y amaba. Tú también lo eres. Reflejó su importancia en la forma en que honró y respetó a las personas que trabajaron para él con una humildad silenciosa y confiada, y en la forma en que hizo tiempo para los viajeros descarriados como yo. Se ha dicho que hay dos clases de personas: las humildes y las que van a serlo. Sé humilde y no te distraerás tratando de parecer importante.

* * *

¿Recuerdas la última vez que te relacionaste con gente nueva? Tal vez fuera en una barbacoa en el patio o esperando tu turno para una reunión de padres y maestros. Quizá fuera en un club de lectura o en el centro de cambio de aceite, o tu primera vez en un nuevo grupo de Escuela Dominical o en una fiesta del bebé. ¿Cuál es la pregunta más común que se hace en entornos donde los nuevos conocidos están aprendiendo unos de otros? Si tu experiencia es como la mía, esa pregunta es: *¿Qué haces?* Es decir, *¿a qué te dedicas?*

Estamos predispuestos a hacer esta pregunta, pues hemos acordado de forma colectiva que el trabajo es importante y podría dejar algunas pistas sobre lo que es central en nuestra vida. Es la forma en que alimentamos a nuestras familias o nuestros egos. Es cómo pagamos las cuentas o cumplimos con las expectativas de las personas. El trabajo ocupa la mayor parte de nuestros días. Es más, en promedio, los humanos pasan el treinta por ciento de su vida trabajando. Lo único a lo que le dedicamos más tiempo es a dormir, solo por unos pocos puntos porcentuales.

Sin embargo, el giro sutil del trabajo es que en comparación con las demás actividades diarias, es fácil igualar *lo que hacemos* a *lo que somos*. En otras palabras, igualamos nuestro trabajo a nuestra validez e identidad. Aquí es donde las cosas pueden verse complicadas, peligrosas y confusas. Además, es más fácil preguntarle a la gente: *¿A qué te dedicas?* en lugar de *¿Quién eres?* Nos preocupa profundizar mucho y demasiado rápido, por lo que hacemos preguntas menos personales como: *¿A qué equipo apoyas?* en lugar de *¿Cuánto duermes cada noche?* Lo entiendo. Puede parecer extraño si haces preguntas profundas sin una relación que respalde el gesto.

He aquí una pregunta diferente que creo que merece la pena plantearse: ¿En qué medida dependes de tu trabajo para tu identidad? ¿Es tu trabajo tu tarjeta de presentación, lo que te enorgullece hablar en las cenas? Tal vez tu trabajo sea la expresión de seguir con diligencia las expectativas de otras personas. *Mi abuelo y mi padre estuvieron en el ejército, así que sentí que debía seguir sus pasos*. O quizá esto te parezca más conocido: *En realidad quería ser [músico, chef, terapeuta, veterinario, empresario, corredor de bolsa, profesor, baterista], pero mis padres me desanimaron*.

Si queremos distraernos menos, debemos tener un mejor y más saludable control sobre nuestro trabajo y la posición que Dios quiere que ocupe en nuestra vida. Sin embargo, esto puede ser confuso por completo, ¿cierto?

Intentamos resolver estas cosas a mitad del camino, a mitad del trabajo, a mitad de la carrera, y nos sentimos atados a lo que estamos haciendo ahora, aunque ya no nos dé resultado.

Solía ir a un restaurante y a menudo me tocaba el mismo camarero. Era joven, enérgico, lleno de ambición y utilizaba el trabajo para ganar el dinero que necesitaba para la dirección en la que se dirigía. Volví a ir allí hace poco, casi diez años después, ¿y adivina quién seguía allí? Se acordó de mí, y yo recordé esos planes que mencionó hace tantos años. Me dijo: «Ah, sí. En realidad, quería hacerlo, pero el dinero aquí era demasiado bueno, y necesitaba pagar mis facturas». En el pasado, prácticamente sonreía con propósito mientras recorría el restaurante, sabiendo en qué estaba trabajando. Ahora se veía canoso y cansado, con los hombros caídos, y cumpliendo con sus obligaciones mientras tomaba mi pedido. La vida puede ser dura, y a veces nos lanza algunas bolas curvas, pero me preguntaba si había dejado de trabajar por algo y ahora solo trabajaba en algún sitio, y era evidente que la elección no le hacía ningún favor.

No me malinterpretes. Las personas sin distracciones que conozco se dejan la piel. Conocen sus propósitos, y son implacables y alegres en su búsqueda. Algunos tienen mucho dinero, otros no. Algunos trabajan en profesiones que a todos nos parecen glamorosas, mientras que otros encuentran satisfacción en trabajos que ninguno de nosotros haría en un millón de años. El punto es este: Lo que hacemos importa menos que aquello por lo que trabajamos, para quién trabajamos y por qué lo hacemos. Piensa en esto y aplícalo a ti mismo por un segundo. ¿Qué cambiarías?

¿Sabías que Pablo en la Biblia dijo que debemos trabajar como si Dios fuera nuestro jefe?[1] Me gusta esta perspectiva. Dios quiere que veamos nuestro trabajo como una forma de honrarlo, de acercarnos a Él y de reflejarlo en nuestra vida. Piensa en lo primero que vemos hacer a Dios en la Biblia, en el libro del Génesis. Está trabajando. Está creando. Está construyendo una visión del universo y luego lo examina, evaluando la belleza de lo que hizo. Es misterioso y maravilloso pensar que de todas las cosas que creó Dios, nosotros somos las joyas de la corona. ¿Crees que Dios quiere que nos esforcemos sin sentido en nuestro trabajo? Por supuesto que no. Quiere que reflejemos partes de Él en todo lo que creamos y hagamos. Podemos hacer esto empacando comestibles o llegando a la luna. Siempre que estemos creando a través de nuestros actos de trabajo, y siempre que trabajemos como si Dios fuera el verdadero jefe, vamos por el buen camino. No importa cuál sea el trabajo; lo que importa es en quién nos convertimos en el proceso de hacer nuestro trabajo, y el objetivo es parecernos y actuar más como Jesús mientras lo hacemos.

Si Dios nos impregnó con este deseo de trabajar, y si conformamos nuestras identidades en torno a este aspecto de la vida que consume tiempo, ser proactivo para obtener más cosas buenas, o mejores resultados, puede sentirse como un riesgo a nivel del alma. Podemos sentirnos como si estuviéramos parados en el trampolín más alto, paralizados por completo, e incapaces de saltar. Si esto te parece conocido, mi palabra para ti es tan simple como difícil: Da el salto. Si no hay nada más, darás un salto audaz hacia lo que te estás convirtiendo y hacia lo que estás trabajando, y eso es mejor que estar atascado sirviendo mesas durante una década, cuando el trabajo ya no es para ti.

* * *

Algunos de nosotros hacemos grandes planes y grandes compromisos para el futuro. No está mal planificar ni comprometerse, pero la verdad es que la mayoría de nosotros solo estamos adivinando lo que nos deparará la próxima hora. Quiero que la gente trabaje conmigo, pues es lo adecuado en este momento, no porque lo fuera hace un año. Se supone que la gente debe cambiar. Sé realista cuando lo haga y cuando lo hagas tú. Fomenta el cambio. Exígeselos con respeto a las personas con las que trabajas y a ti mismo. Cambiar no es desleal. No cambiar es irrespetuoso. La mayoría de nosotros tenemos un trabajo o dos detrás de lo que hemos llegado a ser. Eso no es algo malo. En realidad, es algo bueno. Significa que estamos cambiando. Nuestros intereses están evolucionando y nuestras capacidades están en constante expansión si vivimos como es debido.

Llevaba un par de décadas con mi trabajo diurno como abogado, y me iba muy bien. En algún momento, sin embargo, decidí que había cambiado tanto de lo que era, que ser abogado se había convertido en una distracción, así que renuncié. No lo planeé, no lo pensé más ni me preocupé por eso. Solo renuncié. Como Hernán Cortés, quemé las naves. La mayoría de las personas escogen su carrera y llenan su vida con el espacio que les queda. La dulce María y yo decidimos que elegiríamos primero nuestra vida y llenaríamos la carrera después. Algunas de mis buenas ideas han dado resultado, y algunas de las malas también. Algunas ideas pensé que eran de veras geniales, no salieron adelante.

Antes me pasaba la vida haciendo cosas que resultaran. Ahora trato de hacer cosas que duren. Es una diferencia sutil, pero importante.

Uno de los errores que cometí al principio fue hacer las cosas que *podía* hacer. Te daré un ejemplo. Soy capaz de tocar el banyo. No soy Earl Scruggs. Si me oyeras tocar su famosa canción «Foggy Mountain Breakdown», lo sabrías. Lo que estoy haciendo ahora es encontrar las cosas para las que me crearon y hacer mucho de eso. Cambiar «capaz de» por «creado para» implica un cambio constante, una comprensión clara del propósito, y una determinación inquebrantable y sin distracciones de hacer lo que sea necesario para llegar allí. No saber cómo hacer algo no tiene por qué frenarte; déjame que te acelere. Encontrar aquello para lo que estamos hechos significa probar muchas cosas. Voy a comprar un juego de gaitas. No es mentira. Consigue un juego para ti. Te verás genial en una falda escocesa. No pasa nada por probar algunas cosas y luego abandonarlas cuando no te dan la señal de la respuesta adecuada.

Los malos trabajos hacen que el voluntariado sea más atractivo, y que la universidad y la escuela de posgrado parezcan más tentadoras. Los malos jefes nos hacen mejores empleadores. Las pésimas obligaciones laborales nos hacen más compasivos y sensibles con las personas que ocuparon nuestro lugar. Estos malos trabajos refinan nuestra perspectiva del mundo y nos recuerdan lo que es importante. La mayoría de la gente no quiere una mejor carrera; quiere más propósito. Aquí está la buena noticia: Dios dijo que el propósito abunda muchísimo.

Encuentra un trabajo que se adapte a ti, que no entre en conflicto con la vida que quieres y con la vida que quieres para tus seres queridos. No soy lo suficiente inteligente como para ser médico, pero si lo fuera, no sería dermatólogo, pues tendría que estar donde está el grano o la erupción. Quiero mucha libertad. Por el contrario, otros encuentran consuelo en la estructura. Si no te gusta la sangre, no deberías trabajar para la Cruz Roja. Si no te gustan los números, no te hagas contador. Si no puedes controlar el conflicto, no seas abogado. Si no quieres llamar mucho la atención, no seas pastor.

Elige dónde quieres vivir. No dejes que tu trabajo elija el lugar al que llamarás hogar. Yo vivo en San Diego, pero trabajé en Seattle durante un cuarto de siglo. La mayoría de los días, me subía a un avión temprano en la mañana, volaba a Seattle y llegaba a casa para la cena. Nuestros hijos estaban en la escuela secundaria antes de que se dieran cuenta de que trabajaba en el otro extremo del país. «Papá, dijiste que trabajabas en el centro», me dijeron una noche durante la cena.

«Así es», les dije sonriendo.

Antes de tener mi propio bufete de abogados, era socio en el de otra persona. Cuando nuestros hijos eran pequeños, los días eran bastante sencillos: Mantenerlos alimentados y vestidos, mantener sus manos fuera de la cocina y mantener el pez dorado en la pecera. Cuando crecieron y aprendieron a caminar y a hablar, las cosas se pusieron bastante interesantes. Quería hablar más con ellos porque podían hablar conmigo y yo podía acompañarlos en sus travesuras. Quería salir con ellos y ellos querían pasar tiempo conmigo. Así que un viernes a principios del verano les dije a veinte de mis socios del bufete que pasaría los próximos meses con mi familia en nuestra casa en Canadá. Me miraron como si llevara un paraguas amarillo y zapatos para la nieve. Negaron con la cabeza al unísono y me recordaron cómo funcionaba el programa sabático. Después de diez años, tendría quince minutos libres.

No discutí. El lunes no fui a trabajar; estaba en Canadá con mi familia. No estoy bromeando. Regresé dos meses después. No me puedo imaginar un grupo de hombres más confundidos, hasta el próximo verano cuando lo volví a hacer. ¿Fue irresponsable? Quizá. Aun así, hubiera sido peor perderme ser parte de la vida de mi excelente familia.

Escucha, necesito a mi familia y tú necesitas a la tuya. Es fácil pasar tanto tiempo proveyendo para tu familia que ya no estás proveyendo para tu familia. ¿Me entiendes? No esperen hasta más tarde para conectarse con sus familias. No sucederá. Elige a tu familia una y otra vez, ¿y sabes qué? Cuando seas mayor, te volverán a elegir.

Algunas personas hacen un gran trabajo en el mercado, y otras hacen un gran trabajo con sus familias. El truco es hacer ambas cosas. Hacer muchas cosas. Hacer cosas arriesgadas. Me he quemado las cejas más de un par de veces por error. Haz cosas significativas, cosas desinteresadas. Encuentra formas de moldear el corazón de tu familia, y no necesitarás un eslogan. Lleva toda la bondad, la belleza y la libertad que experimentas al trabajo que haces. Cuando la gente les pregunta a mis hijos a qué me dedico, se ríen y se van. De seguro que se debe a que todavía estamos intentando averiguar qué es.

* * *

¿Conoces esos palitos de miel que puedes conseguir en la cafetería para tu té? Eso es el trabajo de toda la vida de una docena de abejas. Las personas que se centran en su propósito no quieren gobernar la colmena; quieren poner su cucharadita de miel encima de la de los demás y participar en la creación de algo duradero. Incluso, la miel enterrada con los faraones sigue siendo dulce. Esta es la clase de vida que yo busco cuando se trata de las cosas sobre las que hago valer mi cargo. El propósito y el gozo siempre llegan lejos; las distracciones no durarán ni una semana.

Si quieres descubrir las cosas *duraderas* en tu vida, echa a un lado las distracciones que deben ser *lo menos* en tu vida. Mantente ansioso de aprender algo nuevo cada día. Las personas que cambian el mundo pueden tener muchos rasgos de personalidad similares, pero todas parecen tener una cosa en común: Sienten curiosidad por todo. La mayoría de nosotros no sabe cómo funciona una cremallera, cómo suena una cuerda de violín ni por qué revienta el maíz. No te conformes con vestirte y alimentarte cada día y llamarle a eso vida. Ve y aprende algo nuevo, y encontrarás una nueva dirección para tu vida.

Algunas personas van por la vida como si estuvieran perdidas y desesperadas, y con más edad que la cronológica. Quizá solo dejaron de ser curiosas y esto afectó su apariencia y su vida. No seas uno de ellos. Sobre todo, mantén la curiosidad por las personas que más amas. Comprométete con ellos de tal manera que ellos también quieran encontrar su propósito mientras tú encuentras el tuyo. Será el viaje más hermoso que puedas disfrutar a su lado.

Te va a costar tiempo y esfuerzo conseguir claridad en lo que estás trabajando. Puede que hayas pasado diez años pensando en tu próximo paso y ahora te sientas asustado o estancado. Tal vez solo lo hayas estado pensando durante los últimos diez minutos mientras leías este capítulo. Quizá necesites dejar de pensar y ponerte a hacer algo. ¿A qué esperas?

Lo entiendo. A veces las circunstancias de la vida dan la sensación de que el cajón de los calcetines acaba de caerse al suelo. Sin duda, es un desastre, pero qué buen momento para empezar a desenredar el calcetín de rombos que se ha hecho bola con el calcetín de gimnasia y encontrar una pareja mejor. El edificio Empire State se construyó en un año y cuarenta y cinco días. No lo pongas en una lista ni esperes otro año; ocúpate ahora mismo construyendo cómo será el resto de tu vida. Sé que quieres planificarlo todo, yo también, a veces, pero recuerda esto: Los constructores del Empire State estaban construyendo el piso treinta mientras aún estaban trabajando en los detalles del primer piso.

Tu vida es un edificio. Puedes cambiar lo que se construye a medida que los pisos se elevan cada vez más. No tienes que ser quien eras hace cinco años ni siquiera el de hace cinco minutos. Tienes una agencia conjunta con Dios para decidir quién serás dentro de cinco años, y empieza con lo que haces dentro de cinco minutos. Si deseas vivir una vida con propósito, alegría y menos distracciones, es probable que necesites algunos esquemas nuevos. Nadie acierta al primer intento. Confía en mí. Solo recuerda que en el momento en que dejas de trabajar en algo, el proyecto de construcción se detiene. Dejemos de vivir como si el proyecto estuviera terminado y volvamos a la tarea de reconstruir nuestra vida y la vida de nuestros seres queridos hasta el cielo.

19

TERMINA TU TAREA

Si quieres honrar y deslumbrar a Dios, descubre la tarea que te ha encomendado, y hazla hasta que esté terminada

Cuando estaba en la universidad, conocí a un chico que fabricaba guitarras. Yo vivía en el norte de California, en una pequeña ciudad costera llamada Arcadia. La gente de allí fumaba mucho, pero no cigarrillos. Jim tenía un reducido taller en la ciudad, no muy lejos del campus con una pequeña ventana que daba a la acera. Tenía el cabello largo y barba, usaba muchas cuentas de cerámica alrededor del cuello, y siempre llevaba una chaqueta de mezclilla azul desteñida y un par de botas safari de gamuza con suelas de goma. Todas las semanas yo apretaba la nariz contra la ventana, miraba dentro y me deleitaba viendo las virutas de madera, las herramientas y un nuevo instrumento de cuerdas a punto de terminarse. Recordaba mis días en el taller de carpintería en el instituto y todas las lecciones de vida que aprendí allí.

Convertirse en lutier no es fácil. Es como obtener un doctorado en carpintería y requiere años de práctica, paciencia y un profundo amor por la creación. También requiere las herramientas adecuadas y la capacidad de ver el producto terminado en la madera en bruto y, de alguna manera, escuchar la música que podría hacer algún día. Para algunos de nosotros no es fácil hacer esto con nuestras vidas. Puede que tengamos un par de piezas, y quizá hasta tengamos algunas de las herramientas necesarias para crear una vida hermosa. Sin embargo, a menudo nos falta el conocimiento, la experiencia o la instrucción para terminar la obra que Pablo dijo que Dios comenzó en nosotros hace mucho tiempo.

Un día decidí entrar en la humilde tienda de Jim y empujé con timidez la chirriante puerta. Por encima de mi cabeza una campanita antigua tintineó, delatándome. Jim levantó la vista del instrumento en el que estaba trabajando, un poco sorprendido de tener a alguien dentro de su taller. Supuse que no sucedía a menudo. Me presenté y le pregunté si me enseñaría a hacer una guitarra.

—Por supuesto —dijo con indiferencia, levantando apenas la vista del instrumento en el que trabajaba.

Había practicado mi discurso de por qué yo sería una buena inversión de su tiempo. Había planeado decirle que era bastante bueno tocando la guitarra, que era un buen tipo y que una vez hasta tuve un perro. Me había convencido de que me costaría mucho trabajo abogar por lo que quería, y es probable que no sucediera al final. Pensé que sería una molestia, y ya me había preparado para que me rechazaran de plano. Cuando Jim dio luz verde inmediata e inequívoca, no supe qué decir.

—¿De veras? —se me escapó. No pude encontrar nada mejor en mi reserva de enérgicas respuestas a este tipo de amabilidad extravagante.

—Claro —dijo—. Vuelve más tarde esta semana y empezaremos.

Salí del taller soñando con las herramientas, las virutas de madera, los pedazos de guitarra y con el gran logro que sería *construir mi propia guitarra*.

Cuando llegué a su taller unos días después, Jim había colocado un par de tablas de caoba y abeto sobre la mesa. Me dijo que les pasaríamos la garlopa y las haríamos lo suficiente finas para los aros y el fondo de la guitarra. Luego, utilizamos otra pieza más grande para darle forma al mástil de la guitarra. Una vez hecho esto, construimos un molde de pino con la forma del cuerpo de una guitarra con todas las curvas.

A la semana siguiente, para hacerlas flexibles, empapamos las finas piezas de madera que habíamos cepillado, las doblamos alrededor de la forma que habíamos construido y las sujetamos con abrazaderas para que tomaran permanentemente la forma del molde. Al cabo de unas semanas, añadimos una abrazadera de soporte, fijamos la parte trasera de la guitarra y pusimos abeto en la parte superior después de cortar un agujero de sonido. Después de terminar aquel proceso, hice una selleta para poner las cuerdas y lijé pequeños pedazos de madera para hacer el puente que sostienen las cuerdas en su lugar. Entonces, Jim me mostró cómo darle forma al mástil y al clavijero. Ya casi había terminado. En total, tardé unos seis meses, que pasaron volando. Jim y yo nos hicimos muy buenos amigos en el proceso. Solo quedaba una última cosa para terminar la guitarra: Tenía que hacer un diapasón.

Cada vez que salía del taller, imaginaba mis dedos bailando de arriba abajo del mástil tallado con sumo cuidado, cayendo a la perfección sobre los trastes mientras que derretía corazones con la música de mi guitarra hecha a mano. Estaba muy entusiasmado por terminar el proyecto y planeé escaquearme parte de mi última semana de clases para terminar este paso final.

Lo lamentable fue que Jim estuvo enfermo durante la semana. Un fastidio enorme, pero no me desanimé. Luego me contagié de lo que él tuvo, y eso me retrasó una semana más o menos. Cualquiera que me conozca bien sabe que cuando me enfermo, caigo en picado muy rápido. Mi tiempo de enfermedad lo pasé gimiendo y quejándome en un cuarto oscuro apartado por completo del mundo. En ese triste estado, también pasó el último día de clases en la universidad. Justo cuando me estaba recuperando, nos echaron a todos de los dormitorios durante el verano. No recuerdo haber hecho mis exámenes finales, pero de alguna manera los aprobé de todos modos.

Intenté ir al taller de Jim unas cuantas veces más, pero mi tiempo parecía estar maldito. Día tras día, no estaba allí. Al final, me di cuenta de que tendría que convertirme en un lutier sin techo o tendría que buscar un trabajo para pagar el alquiler. Así que me mudé al sur de California, conseguí un trabajo y reuní lo suficiente para comprarme una tabla de surf. Nunca llegué a terminar el diapasón para completar la guitarra. Me *distraje*.

No hace mucho, estaba en nuestro ático y me encontré con un viejo estuche de guitarra. Me pregunté cuál de mis tres hijos adultos lo había dejado. Abrí el estuche y dentro había una guitarra de madera sin diapasón. Se me había olvidado por completo. Empecé a contar con los dedos de las manos y los pies, y me di cuenta de que esta guitarra inacabada tenía cuarenta y dos años. ¿Adónde se fue el tiempo? Era como si fuera Rip Van Winkle y me hubiera quedado dormido, me hubiera dejado una barba de treinta centímetros, me hubiera casado, hubiera tenido tres hijos y hubiera tenido un par de carreras. Había empezado a hacer esa guitarra con mucha ilusión y estaba muy cerca de terminarla, pero me detuve. No es que la guitarra no fuera importante para mí. Era el lento desvío de todas las otras cosas que se interpusieron en el camino. Esto nos pasa a todos de diferentes maneras. Las distracciones vienen en forma de trabajos, relaciones, la escuela, una mudanza, un par de hijos, un plan de jubilación. No se trata de un aplazamiento consciente; es la trampa de la misión a la que sucumbimos.

Bajé el polvoriento estuche de guitarra del ático y lo puse junto a la puerta de entrada como un recordatorio diario. No me quedan cuarenta y dos años, y no quería distraerme más. Al día siguiente, empecé a buscar a alguien que me ayudara a terminar el diapasón. Encontré a un hombre llamado Jed. Tenía pinta de haber tocado para los Doobie Brothers y me recordó al chico que me ayudó a empezar este proyecto décadas antes. Jed empezó a reparar guitarras cuando yo empecé a fabricar la mía y, al igual que yo, ahora era un hombre mayor. Llevé la guitarra a su taller y le echó un vistazo al instrumento sin terminar en el estuche. La sacó por el mástil y dijo: «Hombre, no está mal. Estuviste muy cerca de terminar».

«Sí, lo sé», le dije. En el pasado, es probable que hubiera repasado todas las excusas de por qué no terminé y las habría salpicado con un poco de vergüenza. Sin embargo, me animó su optimismo. Algo había cambiado en mí a lo largo de los años y no me avergonzaba de lo que quedaba sin hacer. Por el contrario, redescubrí mi sueño original y reavivé mi deseo de terminar. Solo necesitaba que alguien me ayudara a conseguirlo.

Un día, Jesús estaba hablando con su Padre y nos dejó escuchar la conversación. Dijo que le había traído gloria y honor a su Padre al terminar la obra que se le había encomendado. Puedo entender esta clase de teología. Si quieres honrar a Dios como lo hizo Jesús, termina lo que te encomendó Dios. ¿Tienes una canción que escribir? *Termínala*. ¿Tienes un libro dentro de ti pero has diferido el proceso de escribirlo? *Toma el bolígrafo*. ¿Tienes una relación dañada que exige una conversación difícil? *Haz la llamada*. ¿Estás atrapado en un empleo que ya no eres tú? *Renuncia*. Literalmente, termina la obra. ¿O hay alguien con quien has querido conectar pero has sentido que sería un riesgo demasiado grande pedírselo? No te limites a empezar el trabajo como hice yo con mi guitarra; termínalo.

Quizá necesites encontrar a alguien que te ayude a dar ese último paso de valor. Busca un amigo confiable, un consejero sabio, un miembro de la familia, un pastor de confianza o el chico de la tienda de neumáticos. Busca a personas que tengan la paciencia y la experiencia, o el profundo amor, por crear lo que a ti te falta. Identifica a las personas que consiguen hacer las cosas y acércate a ellas. Averigua qué se ha interpuesto en el camino, esas cosas que te han estado distrayendo, y elimínalas. Si quieres honrar y deslumbrar a Dios, descubre la tarea que te ha encomendado, y hazla hasta que esté terminada.

* * *

Llegué al Aeropuerto Internacional de San Diego, de camino a otra ciudad para dar una conferencia. Estoy a cada momento en la terminal de camino a un evento para dar una charla o de vuelta de uno. Los taquilleros detrás de los mostradores son mi gente. Los he invitado a la casa y juntos hemos celebrado cumpleaños, graduaciones y otras fechas importantes. He ayudado a algunos de ellos con adopciones internacionales y a otros con problemas con el auto o compañeros de apartamento. Cuando llego, me llaman «Sr. G», y suelen poner un billete en el mostrador para que lo tome al pasar. Ese día sabía que me faltaría tiempo cuando llegara al aeropuerto. Por lo general, no me gustan las prisas, pero había planificado retrasarme para darme el tiempo adicional que quería pasar con la dulce María antes de salir corriendo de nuevo. Era un buen intercambio. Además, hacía años que no perdía un vuelo para dar una conferencia.

Pasé por el control de seguridad con rapidez, lo cual no fue una sorpresa. Al igual que en el mostrador de billetes, la mayoría de los días es una reunión escolar en las máquinas de la TSA [por sus siglas en inglés de Administración de Seguridad en el Transporte]. Cuando paso por el detector de metales, casi siempre me olvido de quitarme el reloj de Mickey Mouse y me dirigen hacia la izquierda para el registro más invasivo de todo el cuerpo. Les sonrío con torpeza a estos rostros conocidos y vuelvo mis bolsillos al revés mientras agitan varitas a mi alrededor y rebuscan en mi mochila llena de libros parcialmente escritos, cubos de Rubik, caramelos y varios accesorios para la próxima charla.

Una vez que paso el control de seguridad, me apresuré a la puerta de embarque sabiendo que estaba bastante retrasado, incluso para mí. En lugar de encontrar el último procedimiento de embarque y escuchar mi nombre anunciado por los altavoces, percibí una inactividad en la puerta y vi una enorme bola de gente reunida alrededor del mostrador de billetes. Nadie iba a ninguna parte. Miré a uno y otro lado de la terminal, y lo mismo ocurría en todas las demás puertas. Nadie sabía lo que estaba sucediendo.

Por el sistema de altavoces, una voz agradable, pero en gran medida desinteresada, anunció que no entrarían ni saldrían vuelos del aeropuerto durante un tiempo. «Ha entrado en vigor una detención total en tierra mientras las autoridades toman las medidas de seguridad pertinentes». Las luces de neón del tablero de llegadas y salidas parpadeaban mientras todos los vuelos se cancelaban y otros treinta se desviaban para aterrizar en otras ciudades. El alboroto en la abarrotada terminal se volvió tan frenético como las parpadeantes luces de los tableros de vuelos.

Pasaron diez largos minutos antes de que la verdad se extendiera por la terminal sobre el motivo de todas las cancelaciones. Para entender la alarma, hay que hacerse una idea de dónde se encuentra el aeropuerto de San Diego. Está encajado entre las colinas de Balboa Park al este, los rascacielos del centro de la ciudad al sur y Point Loma al oeste. Está justo en medio de una densa zona urbana. La topografía que lo rodea exige que los aviones bajen a poca altura sin dejar de pasar por los complejos de apartamentos, los rascacielos y las tiendas llenas de gente que hay debajo. He pilotado un avión en Lindbergh Field, y la aproximación a la pista 27 puede ser complicada para los pilotos que entran en el espacio aéreo por primera vez. Es como si las alas rozaran los tejados.

Resulta que un tirador activo con un rifle de alta potencia estaba en uno de los apartamentos al este del aeropuerto.

En otras palabras, había un francotirador en la ruta de vuelo.

Más tarde me enteré que hubo un enfrentamiento masivo que duró cinco horas. Después de muchos disparos, el enfrentamiento terminó como el evento al que se suponía que asistiría. Considero que debería haberme quedado con la dulce María unos minutos más.

Esta es mi pregunta para ti: ¿Quién o qué es el francotirador en tu ruta? Si podemos identificar las distracciones en nuestra vida, podemos encontrar un camino a seguir al atravesarlas, rodearlas o alejarnos de ellas. Solo hizo falta un francotirador para cerrar un aeropuerto entero, y esto tiene sentido para nosotros, ¿pero qué pasa con las distracciones que has dejado que te paralicen por completo? ¿Un trabajo o una relación o un fracaso que te ha detenido? ¿Qué te ha costado esta distracción? ¿Tu creatividad? ¿Tu generosidad? ¿Tu voluntad para arriesgarte de nuevo? ¿Se afectó tu deseo de entablar relaciones auténticas y vulnerables?

No te equivoques. Las distracciones se disparan en tu dirección. Vienen a diario en forma de desencantos, inseguridades, contratiempos, pequeños fracasos públicos o enormes fracasos privados. Cualesquiera que sean tus francotiradores, es probable que acechen en tu vida y aparezcan de alguna forma relacionada en el futuro. No nos sorprendamos cuando esto ocurra; estemos preparados. Si no elaboramos un plan por adelantado, estas distracciones causarán estragos en nuestra vida. Tienen el poder de paralizarnos si estamos dispuestos a tolerar o ignorar su presencia.

* * *

Hace muchos años un hombre llamado Artajerjes era el gobernador persa del pueblo judío. A pesar de la fricción inicial entre Artajerjes y los judíos, tuvo un cambio de idea inexplicable acerca de ellos como pueblo. Cuando todo esto sucedía, Nehemías era su siervo, el copero del rey. El copero tenía un trabajo especial en el reino. Era el que servía el vino y lo probaba antes que el rey. No hubiera sido un mal trabajo, a no ser que alguien intentara envenenar al rey y te diera un sorbo. Entonces, no tanto.

Nehemías era alguien a quien el rey le confiaba su vida, pero también era su esclavo. Era una yuxtaposición extraña, pero un trato que muchos de nosotros hacemos todo el tiempo. Jerusalén era una ciudad grande. Si has leído los libros de historia, era el centro de una controversia que todavía existe hasta hoy. La destruyeron dos veces, la atacaron más de setenta y cinco veces, y la recapturaron casi la misma cantidad. Un grupo la tomaba, la destruía, la gobernaba y, luego, otro grupo venía y hacía lo mismo. El último grupo que derrocó la ciudad de Jerusalén destruyó los muros de la ciudad y quemó las puertas (otra vez).

Nehemías sentía un amor especial por Jerusalén y le pidió al rey si podía dejar la corte y ayudar a reconstruir la ciudad. Era una petición atrevida para un esclavo, pero el rey confió en él y le dijo que podía marcharse.

Había mucho trabajo que hacer, pero a Nehemías no le importaba; se puso a trabajar. No pasó mucho tiempo antes de que alguna gente tratara de distraerlo. Estos hombres lo insultaban, lo criticaban y trataban de intimidarlo. Esperaban que Nehemías se distrajera al punto de darse por vencido de lo que vino a hacer. Nehemías hizo un movimiento de poder que espero que adoptes en tu vida. Miró a los hombres que lo insultaban debajo y declaró: «¡Estoy haciendo algo importante y no puedo bajar la guardia!». Este hombre había descifrado el código. Sabía para qué estaba allí. Sabía por qué lo hacía. Y no se distraía.

Otro grupo se dio cuenta de dónde estaba Nehemías y le tiró todo lo que tenía para sacarlo de la tarea, pero una vez más no funcionó. Nehemías les gritó mientras apilaba ladrillos en el muro.

«¡Estoy haciendo algo importante y no puedo bajar!».

Puedo verlo, con la cabeza baja, concentrado, confiado, sin querer ceder al ruido que lo rodeaba. Nehemías sabía mucho acerca de las distracciones, incluyendo el poder de una distracción para interferir con sus propósitos más grandes dados por Dios. Sabía que estas distracciones se presentarían en su camino, y se imaginó lo que iba a decir cuando lo hicieran. Deberías tomar una lección de él.

«¡Estoy haciendo algo importante y no puedo bajar!».

Es probable que practicara en el espejo para no tener que pensarlo en el momento. Haz tú lo mismo. Practica cómo decir esto a las interrupciones cuando se te presenten.

«¡Estoy haciendo algo importante y no puedo bajar!».

Esta frase no solo era un eslogan para Nehemías; tenía una estrategia y un plan para respaldarlo. Esto fue lo que hizo. La mitad de las personas que lo acompañaban trabajaban en la reconstrucción de los muros de Jerusalén mientras la otra mitad los protegía.

Aquí hay un par de preguntas que tengo para ti: ¿Qué vas a decir a la gente y a las circunstancias que se cruzan en tu camino, conspirando para distraerte de tus grandes propósitos? ¿Tendrás las agallas y el valor de decirles a esas personas y al ruido que te rodea: «¡Estoy haciendo algo importante y no puedo bajar!»? Nehemías no pudo completar su trabajo solo, y es probable que tú tampoco puedas hacerlo. ¿Quién te respalda cuando estás haciendo un trabajo importante? ¿Quién te ayudará a mantenerte en el trabajo importante cuando no puedas bajar?

Había un valle cerca llamado Ono, que se pronuncia «Oh no». No estoy bromeando. Esto no se puede inventar. La gente que atacaba a Nehemías quería hacer más que solo distraerlo; querían destruirlo. Para eso trataban de bajarlo del muro y llevarlo al valle «Oh no». Estoy dispuesto a apostar que has estado en un lugar llamado «Oh no» en algún momento de tu vida. Tal vez hayas escuchado los consejos cautelosos y temerosos de las personas que te rodean. «¿Qué pasa con esto? *Oh no*. ¿Qué hay de eso? *Oh no*». Puede que sientas que estás al borde de este lugar, o tal vez lleves mucho tiempo viviendo aquí. Quizá tengas miedos que surgieran de desilusiones y decepciones del pasado. O la ansiedad acerca del futuro. Tal vez estés en el valle del «Oh no» con tanta frecuencia que te parece que deberías comprarte una propiedad allí y hacer que sea como un pésimo viaje a Hawái.

Si no estás en el valle de «Oh no» ahora o no has estado allí hace poco, apuesto a que conoces a personas que dan la bienvenida. Son fáciles de detectar, pues cuando les llega una gran idea, su primera reacción siempre es: «Oh no. Nunca va a funcionar. ¿Para qué intentarlo? ¡Date por vencido! Estás perdiendo el tiempo. Sé más realista». Estas frases son la moneda del reino para las personas en un estado constante «Oh no». No seas uno de ellos y, por el amor de Dios, deja de juntarte con gente que ahuyenta de ti la fragancia de tu hermoso y duradero propósito. Recuerda que *estás haciendo algo importante y no puedes bajar*.

Busca amistades que te protejan y te mantengan enfocado en el trabajo. No estamos aquí para llegar a un consenso ni escribir un currículum; estamos edificando un reino. Tu vida no se va a parecer a lo que los demás quieren que sea su vida. Encuentra las grietas y los agujeros en tu muro, los lugares que necesitas reconstruir, elabora una estrategia para mantenerte en la tarea y, a continuación, selecciona a un par de amistades que te respalden mientras lo haces. Realiza una revisión de las distracciones cada semana. Identifica las personas y los impedimentos que te desvían del camino, y luego ejecuta un plan de autoayuda para mantener el rumbo. Decide con antelación qué harás cuando cualquier tipo de distracción se interponga. Ten un proceso para reenfocarte. No le des más tiempo a las distracciones a tu alrededor. Recuerda que estás haciendo algo importante y que no vas a bajar, no puedes bajar y que no vas a bajar nunca. Así es que construyes algo que perdura. Así es que te mantienes sin distracciones.

EPÍLOGO

Gracias por acompañarme en las aventuras de estas páginas. Hemos recorrido una gran distancia y hemos cruzado juntos la línea de meta. A menos, por supuesto, que te hayas distraído y hayas dejado este libro en tu viaje en Uber o en el bolsillo del asiento de un avión. Espero que vuelvas a mirar las partes de este libro que subrayaste o repasaste. Si hiciste notas al margen por el camino, pregúntate por qué. Piensa por un momento en el viaje que has hecho a lo largo de este libro. ¿Qué historias resonaron en ti? ¿Dónde te viste en estas páginas? ¿Qué ideas tenían sentido para ti? ¿Y a qué aspecto de tu vida decidiste darle el mayor esfuerzo?

Recuerda, en tu vida habrá pocos cambios con solo estar de acuerdo; solo la acción tiene el poder de cambiarlo todo. Deja de pensar, planificar, lamentarte y rumiar. Solo empieza. Las listas son para los novatos; la acción es para los que no se distraen. Si eres planificador, traza un plan para vivir de forma más deliberada, para estar más presente y para cultivar el enfoque láser que quizá te falte. Convierte en vino lo que se ha convertido en agua en tu vida.

Cuando pruebes cosas nuevas, no seas demasiado duro contigo mismo, ¿vale? Recuerda que Dios se deleita en ti, y te creó para que te deleites en Él. Un par de cosas que pruebes serán buenas, y otras no. Los resultados no son un voto a favor o en contra de tu valor, ni son un referéndum sobre tu carácter. Cuando ocurran los contratiempos inevitables, sigue adelante y aprende; no te rindas ni te lamentes. En lugar de abandonar la búsqueda, deja de lado el resultado y vive la nueva libertad que acompañará a este cambio de enfoque. Decide con antelación que tu objetivo será influir en tu entorno y en las personas que lo componen, sin tratar de controlarlo todo y a todos. Haz estas cosas y te distraerás menos en tu vida.

Ann Landers dijo la famosa frase: «Hay dos tipos de personas en este mundo. Los que entran en una habitación y dicen: «Aquí estoy» y los que entran en una habitación y dicen: «Ahí estás». Sé la clase de persona que le dice a los que se encuentra: «Ahí estás». Dedica tiempo a reducir tu apretada agenda y a fijarte en lo que sucede a tu alrededor y en quién tienes delante.

Sé que tienes mucho que hacer. Yo también. Sin embargo, antes de que te distraigas con otra cosa, quiero informarte cómo resultaron las cosas para algunos de mis amigos y las circunstancias que mencioné en estos capítulos.

Todavía le canto a la dulce María todas las mañanas, y ella todavía se queja y se da la vuelta. Creo que, en secreto, aprecia mis canciones. He vuelto a Irak unas cuantas veces más, pero últimamente me limito a las zonas pavimentadas. El lugar de retiro *Oaks Retreat Center* se llena de participantes y un equipo maravilloso todas las semanas, y estamos aprendiendo un montón. Todavía no me ha mordido una serpiente, pero espero que sí. No he conocido a la mujer que se le detuvo el marcapasos en mi primera visita allí, pero si tengo la oportunidad de conocerla, le daré otro beso.

Ed todavía toca la guitarra solista para Carrie Underwood y emociona a la gente con su música. Muy a menudo recuerdo la hermosa verdad de que ya me invitaron con antelación a la gran vida de la que habló Jesús, en lugar de conformarme con mirar desde lejos. Espero que tú también lo hagas. Ya no voy a aceptar un no por respuesta, pero eso no significa que siempre acepte un sí. Voy a pegar este recordatorio en mi camisa todos los días.

Veo a Jesús en la habitación más que antes. Aunque me quedan menos días que antes, todavía tengo suficientes para hacer más travesuras buenas. Mi corazón late fuerte y por las cosas adecuadas en estos días. Todavía recibo muchas llamadas del final de mis libros. No las veo como interrupciones ni distracciones, sino como invitaciones. Llámame alguna vez. Mi número de celular es (619) 985-4747.

Todavía voy a San Quintín todos los meses. Estos chicos son maestros increíbles, y yo sigo siendo su alumno. Estamos aprendiendo a ser reales y coherentes, y a encontrar la libertad en estos esfuerzos. También sigo volando, pero solo en aviones que están en mejores condiciones que en los que confié en el pasado. Hago mi chequeo GUMPS cada vez, y ya decidí que si hay otro problema, voy a nivelar las alas, ganar altitud y orientarme por la brújula. Haz lo mismo y llegarás a tu destino también.

Todavía tengo un par de personas difíciles en mi vida y apuesto a que tú tienes un par en la tuya. Estoy tratando de quemar la madera seca, ya no la verde. Tengo un nieto que pronto entrará al jardín de infancia y veremos cuánto dura. Espero que al menos un día más que yo.

Sigo preguntándome mucho de dónde provienen las historias de mi vida, qué reglas he creado a su alrededor y cómo puedo encontrar otras más verdaderas, hermosas y actualizadas. Mientras hago esto, sigo pidiéndole a Jesús que me ayude con mi incredulidad y me aferro a Él de muñeca a muñeca.

Soy un poco más cuidadoso con el auto al que me subo en el aeropuerto. Paso menos tiempo estudiando a Jesús y más tiempo siguiéndolo, y cuido mi corazón mientras lo hago.

Jon y Lindsey tuvieron un hijo. Richard y Ashley también tuvieron uno. Y Adam y Kaitlyn se casaron. Lo que importa no es la altura del árbol genealógico, sino la profundidad de sus raíces.

Efrim sigue entrenando caballos rápidos para que corran más rápido, y Red sigue viniendo al establo para comerse mis zanahorias. El caballo marrón con la cola negra tuvo un potro y lo estamos entrenando para que corra rápido. Te resultará fácil reconocerlo en el Derby de Kentucky; será el que tenga globos atados, y un jockey de mi tamaño y color de pelo.

Bill continúa con su valiente lucha contra el cáncer, y lo está derrotando con un palo. Laurie sigue a su lado y también empuña un palo bastante grande. Estas dos personas están hechas de amor puro.

Obomo se graduó de la facultad de derecho y se prepara para ser abogado en Uganda. Si necesitas que te hagan algún trabajo legal allí, llama a otra persona; todavía estamos aprendiendo. No hemos lanzado más cámaras en paracaídas al Congo, pero hemos construido varias escuelas. Un volcán se llevó una. Nos enfadó tanto que construimos tres más para sustituirla.

Últimamente vigilo las palabras que digo, siempre consciente de que nunca disparo balas de fogueo y que algunas de mis palabras pueden salirme caras. Todavía llevo medallas a todas partes. Voy a ponerle una en el pecho del hombre de Hawái y también guardaré una para ti, si fracasas. Ninguno de nosotros necesita un cheque de mil millones de dólares, sino cinco centavos de gracia.

Todavía me monto en los caballos, y de vez en cuando me caigo y regreso al establo en vez de ir tras ellos. Como Pinocho, estoy tratando de ser un niño de verdad siendo más valiente, más sincero y menos egoísta. Solo necesito veinte segundos de valor loco y una vida de práctica.

Por las historias que te he contado, ya conoces lo suficiente sobre mí como para saber que tengo una enorme ansiedad por la separación y no me gustan las despedidas. Estos son los remanentes de las historias que me he contado a través de los años, de que las personas que quiero me dejarán y no volverán. Sin embargo, algo ha cambiado dentro de mí, pues he vuelto a escribir las reglas en torno a esta historia falsa. Creo que estaremos juntos por la eternidad, tal vez más.

Cuando Jesús se preparaba para despedirse de sus amigos, al igual que yo me estoy preparando para hacerlo contigo, dijo esto: «La paz os dejo, mi paz os doy; yo no os la doy como el mundo la da. No se turbe vuestro corazón, ni tenga miedo»[1]. Dicho de otra manera, encuentra tu paz en Dios, encuentra tu lugar en el mundo, haz lo que sea necesario para estar donde están tus pies. Con todo lo que traigas, con hasta la última pizca de determinación dentro de ti, niégate a distraerte por más tiempo.

Nos vemos en la isla de Tom Sawyer.

Bob

RECONOCIMIENTOS

Siempre es un placer escribir los reconocimientos. Es como disparar el último juego de fuegos artificiales al cielo nocturno en una última celebración alegre y el final de un libro. Mi dulce María Goff, lo logramos. Terminamos otro libro. Ninguna de las palabras que escribí importaría a menos que fueras parte de ellas.

No se necesita un pueblo para escribir un libro, pero sí se necesita una familia maravillosa y un par de amigos dedicados. Gracias a Lindsey, Jon, Richard, Ashley, Adam, Kaitlyn y a un gran círculo de amigos por brindarme apoyo de por vida e historias que contar. Ustedes siguen siendo mis maestros y mis referentes. Sin sus espíritus comprometidos y el amor extravagante que me envían, estoy seguro de que habría seguido llevando una vida distraída por completo.

Gracias también a mi papá que hizo posible mi vida y mis sueños alcanzables. Me encanta ser tu vecino.

Estoy agradecido por el valiente equipo de *Love Does* [El amor hace] y a sus seguidores en todo el mundo, y por nuestros alumnos y empleados en Afganistán, Somalia, Uganda, Nepal, India, Uzbekistán, República Democrática del Congo, República Dominicana y Haití. Su valiente liderazgo lo cambiará todo.

Todos ustedes continúan liberando una cantidad de amor verdaderamente impresionante en el mundo.

A Stèphane, Brenda y su hermosa familia, Bubba y Cindy, Kevin y Gwen, Tom, Stacey y nuestra familia, Michele Velcheck y su equipo, y los hombres que se han reunido conmigo los viernes por la mañana durante décadas. Muchas gracias a Rick Parker por mantener mi corazón en marcha y también un reconocimiento especial al jefe de muelle en el puerto de Ala Wai por hacer posible uno de mis sueños.

Estoy en deuda con Jody Luke, que ha sido un apoyo y un estímulo constante y muy necesario durante décadas, y con el resto del equipo de *Love Does*, incluidos Annie y Drew. Gracias también al equipo de Bob Ink que ha mantenido a flote el barco al rescatarlo y a mí cuando lo inundé. Gracias, Becky Goodnight, Jordan Craig, Stephanie Wesson, Becca Phillips, Savannah Potafiy, Patrick Dodd, Scott Schimmel, John Richmond y Tyler Wolford por su incansable trabajo en mi nombre. Las innumerables personas con las que interactúan se sentirán amadas porque son muy buenos en eso.

Muchas gracias también a mis amigos y coconspiradores Kim Stewart, Taylor Hughes, Megan Tibbits y Jay Desai. Ha sido un placer único viajar en autobuses, ir detrás de ustedes y llevar sus libros, bolsas de trucos e instrumentos, ya que han liberado cantidades irrazonables de esperanza y alegría en el mundo usando sus inmensos dones.

Un proyecto como este también requiere un equipo editorial imperturbable para conseguir que un libro supere la línea de meta. Gracias a todo el equipo de Thomas Nelson, que ha trabajado para que estas palabras se impriman, incluso con un terrible retraso. Un enorme agradecimiento a Tim Paulson, Stephanie Tresner, Kristen Golden, Jennifer Smith, Janene MacIvor, Claire Drake, Daniel Marrs, Rachel Tockstein, y al equipo de *Process Creative* y Richard Goff por el diseño de la portada.

También obtuve una gran cantidad de perspectiva del equipo del centro de retiro *The Oaks* y nuestro programa ecuestre. Gracias a Miles y Venessa Adcox, así como a Jamie Kern Lima y Paulo Lima por soñar con la existencia de este lugar. Y gracias por el equipo que apoya el amor en *The Oaks*. Adam y Kaitlyn Goff, la dulce María, Justin, Stefanie y Ellie Boyce, Annie Bishop, Maggie Garrett, Jeremy Ward, Avery Wringlever, Darcy Murillo, Ben Love y nuestro equipo culinario dirigido por Jessica Slama. Para Darrell Norman y el Mago Santiago, Holly Anderson, Heidi Pullen, dos amigos llamados Efrim y Reuben, y todos los que hacen las camas y crean el ambiente.

Sin cada una de sus contribuciones únicas a mi vida, este libro no habría sido posible.

NOTAS

Capítulo 2: El ojo de la cerradura de la eternidad

1. 2 Corintios 3:2-3.
2. Santiago 4:14.

Capítulo 3: Libérate al volver a casa

1. Romanos 7:15

Capítulo 4: La felicidad de la búsqueda

1. 2 Corintios 12:10; 1 Timoteo 6:6-7.
2. 2 Timoteo 1:6.

Capítulo 6: Pase de acceso total

1. Lucas 23:49.
2. Tuan C. Nguyen, «A Short History of Duct Tape», 30 de julio de 2019, thoughtco.com, https://www.thoughtco.com/history-of-duct-tape-4040012.
3. Tuan C. Nguyen, «A Short History of Duct Tape», https://www.thoughtco.com/history-of-duct-tape-4040012.

Capítulo 7: Jesús en la habitación

1. Mateo 6:11.
2. 1 Corintios 13:13.
3. Marcos 14:66-72.

4. Lucas 2:41-52.
5. Juan 2:1-11.
6. Lucas 23:32-43 (Jesús, los criminales y la crucifixión); Juan 20:13-18 (María en la tumba); Lucas 24:13-35 (camino de Emaús); Juan 21:4 (en la orilla).
7. Mateo 18:20.
8. «The Average Person Lives 27,375 Days. Make Each of Them Count», blog, JoshuaKennon.com, https://www.joshuakennon.com/the-average-person-lives-27375-days-make-each-of-them-count/.

Capítulo 8: Sin acoso, por favor

1. Proverbios 4:23

Capítulo 9: Las hadas de los dientes y los aviones que se encogen

1. «Kid Logic (2016)», 16 de diciembre de 2016, https://www.thisamericanlife.org/605/kid-logic-2016.
2. Marcos 9:24.
3. Hebreos 11:1.
4. Mateo 14:28-29.
5. Mateo 14:15-21.
6. Mateo 8:23-27.
7. El original dice: «Dios nos susurra en nuestros placeres, habla en nuestra conciencia, pero grita en nuestro dolor», C. S. Lewis, *El problema del dolor*, Editorial Caribe, Miami, FL, 1977, p. 93.
8. Santiago 5:14.

Capítulo 10: Cuéntate entre las estrellas

1. Mateo 26:39.
2. Juan 19:30.

Capítulo 11: «¡Alto al fuego!»

1. Lucas 6:45

Capítulo 12: El botón equivocado

1. Dr. Benjamín Hardy, «23 Michael Jordan Quotes That Will Immediately Boost Your Confidence», Inc.com, https://www.inc.com/benjamin-p-hardy/23-michael-jordan-quotes-that-will-immediately-boost-your-confidence.html.

Capítulo 13: La nariz de Pinocho

1. Hechos 5:1-11.
2. «Whatever Happened to Pavlov's Dogs?», *Headspace*, 23 de octubre de 2013, https://phdheadspace.wordpress.com/2013/10/23/what-ever-happened-to-pavlovs-dogs/.

Capítulo 14: Las desventuras de un rechazado en serie

1. «Puritanism», *Chesterton in Brief*, consultado el 8 de noviembre de 2021, https://www.chesterton.org/puritanism/.
2. Steve Wright, https://www.goodreads.com/quotes/146279-experience-is-something-you-don-t-get-until-just-after-you.

Capítulo 15: Deja de perseguir al caballo

1. Matt Damon en Un lugar para soñar, dirigida por Cameron Crowe, 20th Century Fox, Los Ángeles, 2011.
2. Hebreos 12:1.

Capítulo 16: Echado a las aguas poco profundas

1. Annie Dillard, *Vivir, escribir (El oficio de escritor)*, Ediciones y Talleres de Escritura Creativa Fuentetaja, Madrid, España, 2002 p. 68 (del original en inglés).

Capítulo 17: «¡Ay, caramba!»

1. Juan 17:4.

Capítulo 18: Dentro de cinco minutos

1. Colosenses 3:23.

Epílogo

1. Juan 14:27.

ACERCA DEL AUTOR

Bob es el voluntario con más años de servicio en *Love Does* [El amor hace] y es su principal inflador de globos. Se llama a sí mismo un «abogado en recuperación», pues después de ejercer la abogacía durante casi treinta años, entró en su propio bufete de abogados y renunció para dedicarse a alentar a las personas a tiempo completo. A Bob le mueve el deseo de amar a las personas y motivar a otros a hacer lo mismo. En estos días, encontrarás a Bob en un aeropuerto de camino a conectar con la gente y animarla o, lo más probable, de camino a casa para cenar con la dulce María.

Hace unos años, Bob escribió un libro titulado *A todos, siempre*. Antes de eso, escribió uno titulado *El amor hace*. Todos los beneficios de ese libro los regaló para ayudar a cambiar la vida de los niños en países donde los conflictos armados los dejaron vulnerables. Hoy en día, *Love Does* es una organización que se dedica a ayudar a los niños de esas zonas, como Uganda, Somalia, Afganistán, Nepal y la India. Puedes encontrar más información sobre *Love Does* en www.LoveDoes.org.

CONÉCTATE CON BOB

La pasión de Bob es la gente. Le encantaría que le escribas a info@bobgoff.com. También puedes seguirlo en Instagram y Twitter, @bobgoff.

Si quieres llamarlo, aquí tienes su número de teléfono celular: (619) 985-4747.

Bob es un *coach* personal. Si te interesa, puedes informarte mejor en coachingwithbobgoff.com. También está disponible para inspirar y comprometerse con tu equipo, organización o audiencia. Hasta la fecha, les ha hablado a más de dos millones de personas con su perspectiva única y su emocionante manera de contar historias. Si te interesa que Bob asista a tu evento, visita bobgoff.com/invite.